生态农产品价值实现机制研究

陈 霞 著

·广州·

图书在版编目（CIP）数据

生态农产品价值实现机制研究／陈霞著. —广州：华南理工大学出版社，2022.12
 ISBN 978-7-5623-7303-2

Ⅰ. ①生… Ⅱ. ①陈… Ⅲ. ①生态农业-农业发展-研究-中国 Ⅳ. ①F323.2

中国版本图书馆 CIP 数据核字（2022）第 250067 号

Shengtai Nongchanpin Jiazhi Shixian Jizhi Yanjiu
生态农产品价值实现机制研究
陈　霞　著

出 版 人：柯　宁
出版发行：华南理工大学出版社
　　　　　（广州五山华南理工大学 17 号楼，邮编 510640）
　　　　　　http://hg.cb.scut.edu.cn　E-mail：scutc13@scut.edu.cn
　　　　　　营销部电话：020-87113487　87111048（传真）
策划编辑：庄　严　肖　颖
责任编辑：肖　颖
责任校对：黄华超
印 刷 者：广州市新怡印务股份有限公司
开　　本：787mm×960mm　1/16　印张：10.75　字数：180 千
版　　次：2022 年 12 月第 1 版
印　　次：2022 年 12 月第 1 次印刷
定　　价：58.00 元

版权所有　盗版必究　印装差错　负责调换

序　言

当代社会，科技的迅猛发展不仅推动了人类文明的进步，还加深了我们对生态环境的理解和认知。随着环境保护意识和可持续发展理念的不断深入，生态农业建设的需求日益增长。在生态文明建设以及环境、社会和治理（ESG）框架的推动下，生态农业已经成为全球农业发展的主要趋势之一。作为一种强调环境保护、资源节约和可持续发展的先进农业生产方式，生态农业现已在全球范围内得到广泛认可和推广。

生态农业的核心理念在于通过高效利用资源、保护生态环境，实现农业生产的可持续发展。其实施不仅有助于提高农产品的质量和安全性，还有助于提升农业经济效益，改善乡村生态环境，从而推进农村经济社会的全面发展。生态农产品作为生态农业的直接产物，在生产过程中更加注重环保和可持续性，产品安全性和质量更高，因此具有更高的市场价值。研究生态农产品价值实现机制对于推动农业可持续发展、实现农村经济的绿色转型升级具有重要的理论和实践意义。

本书借助"两山"理论提出了一种全新的发展观念，也为生态农业和生态农产品价值转化的发展提供了理论支持和发展方向，促进了环境保护和经济发展的和谐统一。可持续发展理论为推动生态农产品价值转化提供了全面的理论指导，它揭示了生态农产品价值转化的三个重要方面：生态价值、社会效益和经济效益。这三个方面相互影响、相互促进，共同推动生态农产品价值的转化。在未来的实践中，应遵循可持续发展理论的指导，综合考虑生态农产品的生态价值、社会效益和经济效益，以获得生态农产品价值的全面实现。动态能力理论通过机会识别、机会捕获、资源整合、资源升级、资源重组等环节，为生态农产品价值实现提供理论指导。在实践中,生态农产品生产经营者重点发展其动态能力,提升生态农产品的生产效率和市场竞争力,从而实现生态和市场价值的最大化。本书综合运用了生态价值观、动态竞争理论和可持续发展战略理论成果,构建生态农产品价值转化的多维度分析框架,以期推动生态农业的发展,实现与自然生态的和谐共生。

本书首先对生态产品价值实现的理论内涵和运行机制进行了深度剖析;而后通过实地调研、深度访谈和问卷调查等手段,对生态产品价值实现的实际应用情况进行了深入的分析研究,并对相关实践经验进行了总结梳理;然后,在生态产品价值实现的理论和实践基础上,提出并探讨了生态产品及生态农产品价值转换的相关概念及其内涵特性,分析了生态农产品价值转换的形成机制和构成因素;接着从生态农产品生产经营者的动态能力、资金、技术、经营环境以及政府的作用等多元维度进行深入探究,从而进一步提出了生产经营环境与政府保障机制,并构建了实现生态农产品价值的现实操作机制;最后,基于以上理论分析和实证研究提出相应的政策建议。本书通过深度访谈法、问卷调查法、文献研究法、数理统计分析以及价值链分析法等多种研究方法,对生态农产品价值转化进行了深入详尽的分析,通过对与生态农产品价值转化相关的人员和机构开展深度访谈与调研,以更好地理解生态农产品生产经营者和消费者对生态农产品的认知、态度和行为,为推动生态农产品的价值实现提供更准确的策略。

在综合分析的基础上,本书进一步提出了推动我国生态农产品价值实现的机制建议。这些建议旨在帮助生态农产品生产经营者更好地利用他们的资源和能力,提高生态农产品的市场竞争力,实现生态农产品的经济价值。同时,本研究也可为相关机构和部门推进生态农业可持续发展提供有益借鉴。生态农产品具有较高的附加价值,因此,实现生态农产品价值的转化,可以为农民带来更高的收益,提升农民的生活水平,推动乡村振兴建设,以期实现共同富裕。

作者

2022 年 12 月

目　录

第一章　绪论 …………………………………………………… 1
　　第一节　研究目的 ……………………………………… 2
　　第二节　研究意义 ……………………………………… 3
　　第三节　主要概念与理论基础 ………………………… 4
　　第四节　研究内容与方法 ……………………………… 13

第二章　研究背景与文献综述 ………………………………… 15
　　第一节　研究背景 ……………………………………… 16
　　第二节　文献综述 ……………………………………… 19

第三章　生态农产品价值实现机制、路径与模式 …………… 27
　　第一节　生态农产品价值实现机制 …………………… 28
　　第二节　生态农产品价值实现路径 …………………… 30
　　第三节　生态农产品价值实现商业模式 ……………… 33
　　第四节　生态产品价值实现典型案例参考 …………… 36

第四章　生态农产品生产经营现状与意愿分析 ……………… 45
　　第一节　我国生态农产品生产经营的整体现状 ……… 46
　　第二节　省级层面生态农产品生产经营现状 ………… 49
　　第三节　生态农产品生产意愿影响因素分析 ………… 59

第五章　生态农产品生产经营者动态能力分析 …… 67
第一节　机会识别能力 …… 68
第二节　机会捕获能力 …… 71
第三节　资源配置能力 …… 73
第四节　基于大学生乡村创业的经验借鉴 …… 76

第六章　生态农产品生产经营资金分析 …… 85
第一节　资金来源构成分析 …… 86
第二节　融资约束理论分析 …… 88
第三节　基于信息技术的融资约束解决方式分析 …… 91

第七章　生态农产品生产经营技术支撑分析 …… 95
第一节　技术与生态农产品价值实现 …… 96
第二节　生态农产品生产经营技术现状分析 …… 98
第三节　生态农产品技术支撑体系的构建 …… 101

第八章　生态农产品生产经营环境构建 …… 105
第一节　乡村市场环境构建 …… 106
第二节　土地生产要素保障 …… 108
第三节　生产经营纠纷解决机制构建 …… 111

第九章　生态农产品价值实现的政府保障机制 …… 115
第一节　政府监管与生态农产品价值实现 …… 116
第二节　政府帮扶与生态农产品价值实现 …… 117
第三节　政府中介与生态农产品价值实现 …… 119
第四节　政府角色定位的再思考 …… 121

第十章　研究结论与建议 …… 123
第一节　研究结论 …… 124
第二节　发展战略相关建议 …… 126

参考文献 ·· 128

附录 ·· 142

  附录1 中共中央办公厅 国务院办公厅印发《关于建立健全生态产品价值实现机制的意见》 ·································· 142

  附录2 自然资源部办公厅关于印发《生态产品价值实现典型案例》（第一批）的通知 ··· 151

  附录3 自然资源部办公厅关于印发《生态产品价值实现典型案例》（第三批）的通知 ··· 156

后记 ·· 161

第一章
绪　论

生态农产品具有经济价值、社会价值和生态价值三重价值属性，将上述价值进行有效转化，让市场与生态农业投资实现良性互动，有着重要的理论和现实意义。进而言之，生态农产品价值实现机制是保障生态农业可持续发展的关键，是落实乡村振兴战略的重要着力点，也是实现我国生态文明建设的重要组成部分。为此，本书首先从研究目的、研究意义、主要概念与理论基础、研究内容与方法等方面对生态农产品价值实现机制展开研究。

第一节 研究目的

2021年6月施行的《中华人民共和国乡村振兴促进法》指出，各级人民政府应当发挥农村资源和生态优势，支持特色农业、休闲农业、现代农产品加工业、乡村手工业、绿色建材、红色旅游、乡村旅游、康养和乡村物流、电子商务等乡村产业的发展；引导新型经营主体通过特色化、专业化经营，合理配置生产要素，促进乡村产业深度融合。同年，中共中央办公厅、国务院办公厅印发了《关于建立健全生态产品价值实现机制的意见》，明确要求以体制机制改革创新为核心，推进生态产业化和产业生态化，加快完善政府主导、企业和社会各界参与、市场化运作、可持续的生态产品价值实现路径，着力构建绿水青山转化为金山银山的政策制度体系，推动形成具有中国特色的生态文明建设新模式。

生态农产品的生产经营活动，不仅是乡村振兴战略的重要组成部分，同时也实践了"绿水青山就是金山银山"的环保理念。然而，其核心问题在于如何将生态优势转化为经济优势，即实现经济学意义上的生态产品价值（孙同全，2022）。因此，首先需要分析生态农产品的价值转化现状、存在的问题，并结合相应的理论，提出生态农产品价值转化机制的支撑建议。

本书首先对生态产品价值实现的理论内涵和运行机制进行梳理，然后通过调研访谈和问卷调查，对生态产品价值实现的实践情况进行深入分析，并总结实践经验。基于此，本书从生态农产品生产经营者的动态能力、资金、技术、经营环境和政府的作用等多个角度，探讨这些因素如何影响生态农产品价值实现的过程。

在综合分析的基础上，本书进一步提出了推动我国生态农产品价值实现的转化机制建议。这些建议旨在帮助生态农业生产经营者更好地利用他们的资源和能力，提高生态农产品的市场竞争力，实现生态农产品的经济价值。同时，也为相关机构和部门推进生态农业可持续发展提供有益借鉴。

第二节 研究意义

随着生态文明建设和ESG（Environmental, Social and Governance）建设的推进，生态农业已成为全球农业发展的主要趋势之一。生态农产品价值转化机制研究在理论和实践层面具有重要的学术意义，本书旨在通过揭示生态农产品价值转化的内在规律和动力，为政策制定者、生产经营者和相关利益方提供有效的决策支持，以实现农业的可持续发展。

生态农产品的价值部分属于公共产品，其不仅向社会提供了高质量的消费品，还带来了绿色环保，保护了空气、土壤和水质，具有非常明显的正外部性特征。但是，这种正外部性在市场经济环境下也可能引发一系列问题，如"搭便车问题"。在生态农产品的生产过程中减少化学农药的使用有助于改善土壤和水质，保护生物多样性。这种环境效益所有人均可以享受，但在生态农产品市场不完善的情况下，生态农产品的生产成本却可能由其生产经营者承担，造成生态农产品供应不足。此外，由于市场机制往往无法准确反映生态农产品的全部价值，特别是其对环境和社会的正向影响，造成生态农产品的市场交易价格低于其价值，从长期看，这会导致资源在生态农业和传统农业之间的配置不合理。因此在推进生态农产品价值转化的过程中，有为政府和有效市场的作用至关重要。在这一过程中，政府和市场各有其独特的作用，而有效的政策和市场机制能够在生态农产品实现价值转化的过程中起到积极的推动作用。

基于上述视角的生态农产品价值转化机制研究，具有非常重要的理论和实践意义。首先，从理论的角度考虑，研究生态农产品价值转化机制将有助于深入地认识和理解生态农业的发展过程，以及生态农产品生产经营者的资源禀赋与动态能力,丰富动态能力理论的研究领域。同时,此类研究也会为生态农业理论体系提供更丰富、更具有实证性的研究成果,进而推动农业经济学、生态经济学等多学科的交叉融合与发展。

其次,从实践的角度来看,研究生态农产品价值转化机制将有助于相关部门制定出更有效的政策措施。通过深入研究生态农产品价值转化的影响因素、发展路径以及效应等,我们可以为政府、组织和社会等各利益相关方提供有关生态农产品生产、技术、经营、消费等方面的建议,进而激励农业生产者更积极地参与生态农业生产,引导更多的农业资源向生态农业倾斜,提高农业资源的利用效率,减少农业生产对环境的负面影响,为农业实现可持续发展起到重要的推动作用。

最后,研究生态农产品价值转化机制将有助于提升农民的收入和生活水平。生态农产品的附加价值较高,因此,实现生态农产品价值的转化,可以为农民带来更高的收益,提升农民的生活水平,推动乡村振兴建设,以期实现共同富裕。

综上所述,对生态农产品价值转化机制进行研究意义重大,既有理论意义,又有实践价值。这项研究将推动生态农业的发展,提高农业资源的利用效率,为农业实现可持续发展提供有效建议。

第三节　主要概念与理论基础

一、基本概念

本书涉及的主要概念包括生态产品、生态农产品和生态农产品价值等。

(一)生态产品

随着全球范围内对环境问题的关注程度逐步加深,生态产品的理念得到了广泛应用与推广,成为实现可持续发展的重要手段。Reinhardt(1998)将生态产品定义为在生产、使用和废弃过程中,其环境和社会表现显著改善或能带来更大环境效益并且优于传统或竞争产品。该定义指出,生态产品不仅仅是那些对环境影响较小的产品,也包括那些能比传统产品提供更大环境效益的产品。Ottman等人(2006)认为,生态产品或绿色产品通常用来形容那些努力保护或改善自然环境的产品,它们通过节约能源或资源,减少或消除有毒物质、污染和废弃物的使用。该定义强调了生态产品开发的主要环保关注点,即能源、资源、污染和废弃物。2010年,国务院印发的《全国主体功能区规划》指出生态产品是指维系生态安全、保障生态调节功能、提供良好人居环境的自然要素。李宇亮和陈克亮(2021)进一步认为生态产品是生态系统的产出物,基本等同于生态系统服务。

整体而言,生态产品的定义有狭义和广义之分。狭义上的生态产品是指维系生态安全、保障生态调节功能、提供良好人居环境,包括清新的空气、清洁的水源、生长的森林、适宜的气候等与人类劳动没有直接关系的自然产品;除狭义的内容之外,广义上的生态产品还包括通过清洁生产、循环利用、降耗减排等途径,减少对生态资源的消耗而生产出来的有机食品、绿色农产品、生态工业品等物质产品(曾贤刚等,2014)。对自然资源部办公厅印发的《生态产品价值实现典型案例》进行分析,发现其所指的生态产品是广义上的生态产品,因此本书将以广义的生态产品为研究对象。

(二)生态农产品

生态农产品的概念由生态产品演化而来,其既符合生态产品的特征要求,又属于农产品。生态农产品是指在生产过程中遵循生态原则,通过采用环保、资源节约、可持续的农业生产方式,减少化学农药、化肥、激素和抗生素等有害物质的使用,具有优良品质和安全性的农业产品(Chen,2007)。2007年修订的《无公害农产品管理办法》对无公害农产品进行了定义:指产地环境、生产过程和产品质量符合国家有关标准和规范的要求,经认证合格获得认证证书并允许使用无公害农产品标志的未经加工或者初加工的食用农产品。总体而言,生态农产品具备两个属性,一是安全属性,即生态农产品具有安全可靠等特点;二是亲环境属性,即生态农产品的生产过程具有生态环境损害少等特点(李福夺、尹昌斌,2022)。

我国2006年制定、2018年修正、2022年修订的《中华人民共和国农产品质量安全法》指出，农产品是指来源于种植业、林业、畜牧业和渔业等的初级产品，即在农业活动中获得的植物、动物、微生物及其产品。《中华人民共和国农产品质量安全法》没有提及"生态农产品"，但要求有下列情形之一的农产品，不得销售：（1）含有国家禁止使用的农药、兽药或者其他化合物；（2）农药、兽药等化学物质残留或者含有的重金属等有毒有害物质不符合农产品质量安全标准；（3）含有的致病性寄生虫、微生物或者生物毒素不符合农产品质量安全标准；（4）未按照国家有关强制性标准以及其他农产品质量安全规定使用保鲜剂、防腐剂、添加剂、包装材料等，或者使用的保鲜剂、防腐剂、添加剂、包装材料等不符合国家有关强制性标准以及其他质量安全规定；（5）病死、毒死或者死因不明的动物及其产品；（6）其他不符合农产品质量安全标准的情形。根据《中华人民共和国农产品质量安全法》对农产品的规定，结合生态农产品的定义，可得出生态农产品在其安全和环保上的要求方面远高于非生态农产品。

此外，《绿色食品标志管理办法（2022年修订）》，对申请绿色食品标志的产品提出了如下要求：（1）产品或产品原料产地环境符合绿色食品产地环境质量标准；（2）农药、肥料、饲料、兽药等投入品使用符合绿色食品投入品使用准则；（3）产品质量符合绿色食品产品质量标准；（4）包装贮运符合绿色食品包装贮运标准。上述要求实质上亦表述了生态农产品的安全和环保特征要求。

（三）生态农产品价值

2020年自然资源部办公厅关于印发《生态产品价值实现典型案例》（第一批）的通知，明确了生态产品价值实现过程的定义。其指出：生态产品价值实现的过程，就是将生态产品所蕴含的内在价值转化为经济效益、社会效益和生态效益的过程。从《生态产品价值实现典型案例》（第一批）的通知可知，生态产品价值应包括经济价值、社会价值和生态价值。即生态产品的价值，需要从经济、社会和环境等多个维度考虑。从经济维度来看，生态产品能够为企业带来新的市场机会，提高产品附加值，提高企业竞争力，促进产业转型升级。从社会维度来看，生态产品能够提高消费者的环保意识和引导环保行为，促进绿色消费，提高生活品质，推动社会绿色发展。从环境维度来看，生态产品能够降低产品在生产和使用过程中对环境的负面影响，具备环境保护功能，有助于减少资源浪费和污染排放，提高生态系统的可持续性。

与生态产品价值相对应的生态农产品价值，亦具有多重价值属性，包括经济价值、社会价值和生态价值。其中经济价值是指生态农产品通常具有较高的市场价值，消费者愿意为其高品质和环保特性支付溢价（Chen and Lobo，2012）。社会价值是指生态农业产品在生产过程中强调与其他农业生产者、加工商、分销商和消费者之间保持良好合作关系，且生态农产品具有较低的化学农药和重金属残留，食品安全性较高，有益于消费者健康，有利于实现整个社会的和谐发展（MacRae et al.，2009）。生态价值则指生态农产品在生产过程中较少使用化学农药和化肥，减少了对土壤、水源和空气的污染，有利于维护生态平衡和生物多样性。此外，生态农业采取的循环经济和节能技术，有助于资源的高效利用和环境保护（Gomiero et al.，2011）。

二、理论基础

（一）"两山"理论

党的十八大以来，以习近平同志为核心的党中央高度重视生态文明建设，提出"绿水青山就是金山银山"的创新理论，简称"两山"理论。"两山"理论作为习近平生态文明思想的核心理念，是指导中国推进生态文明建设的重要理论依据。

"两山"理论是新时代中国特色社会主义生态文明建设的行动指南，揭示了生态环境与生产力之间的辩证统一关系，它源自"天人合一"思想、马克思主义生态自然观、中国社会对森林及环境保护的重视以及国际环境保护运动（王丽敏，2020）。"两山"理论有着丰富的科学内涵，其在人与自然和谐统一的理论基础之上，寻求经济发展与生态保护协同并进，最终实现以人民为中心的生态价值追求（杨莉、刘海燕，2019）。从理论视角看，"两山"理论包含着"既要绿水青山，也要金山银山""绿水青山和金山银山绝不是对立的"和"绿水青山就是金山银山"三个层次，从不同角度诠释了经济发展与环境保护之间的辩证统一关系，回答了什么是生态文明、怎样建设生态文明等一系列重大理论和实践问题，贯穿着唯物辩证法的哲学思想，为建设美丽中国提供了科学指南（王少峰，2019）。

从经济学的视角出发，污染成本的外部化与转移型经济发展模式，无疑是引发环境污染问题的深层次因素。为了有效解决能源环境危机，需要实现从依赖外生性增长的经济发展模式向注重成本内化的生态经济模式的转变，即绿色发展模式的转型过程。其核心在于将生态环境资源有机地纳入经济系统，将生态环境及其自然资源视为经济增长的内生要素，从而实现环境收益与经济收益的同步增长（张孝德，2017）。在这一转型过程中，"两山"理论提供了一个重要的理论指引，它为我国生态文明建设和绿色发展提供了一条内生发展的路径。具体来看，"两山"理论的内生发展路径可体现在以下几个方面：（1）确立生态环境的经济价值。"两山"理论强调将生态环境视为经济增长的内生资源和重要因素，这要求我们将生态环境的保护和改善纳入经济发展的全过程，体现其经济价值。（2）推动生态农业和绿色产业的发展。"两山"理论的实施将促进生态农业和绿色产业的发展，这两个领域的发展不仅可以实现经济收益的增长，同时也有助于环境的保护和改善，实现环境收益和经济收益的同步增长。（3）推动社会经济的可持续发展。"两山"理论的实施将推动我国社会经济的可持续发展，这一点也是成本内化的新经济模式所追求的。

生态农业是生态产品价值实现的基础，成为驱动经济绿色转型发展的新动能（郑周胜，2021）。"两山"理论赋予了生态价值以经济价值。传统的农业生产方式往往过于追求经济价值，忽视了生态价值。而"两山"理论强调绿水青山就是金山银山，将原先生态农产品的隐性生态价值转化为显性的市场价值，提高了生态农产品的市场竞争力。此外，"两山"理论强调生态优先，保护环境，这为生态农业提供了理论支持和发展方向。在这种理论指导下，生态农业的发展将产生更多的生态农产品，促进生态农产品市场做大做强，从而实现其经济价值和生态价值。

"两山"理论强调环境保护和经济发展的平衡。通过生产和消费生态农产品，可以实现环境保护和经济发展的双重目标，进一步推动社会的可持续发展。

在共同富裕方面,"两山"理论下的生态农产品往往比传统农产品价格更高,可以有效地提高农民的收入。同时,"两山"理论的实施也将带动农村旅游、生态旅游等产业的发展,进一步增加农民的收入来源,减小城乡收入差距,推进社会和谐发展。

综上所述,"两山"理论不仅提出了一种全新的发展观念,也为生态农业和生态农产品价值转化的实现提供了理论支持和发展方向,促进了环境保护和经济发展的和谐统一。

(二)可持续发展理论

可持续发展理论可追溯到1962年美国海洋生物学家Rachel Carson提出的人类应该与大自然的其他生物和谐共处,共同分享地球的思想(Carson,2015),这开始引起人们对生态和环境问题的关注。1972年,受罗马俱乐部委托的麻省理工学院研究小组发表了《极限增长报告》,详细描述了人口、资源、环境污染等问题对未来可持续发展的影响,成为可持续发展理论研究的科学基础(Meadows et al.,2018)。1980年,世界自然保护联盟(IUCN)发布了《世界自然保护战略》(*World Conservation Strategy*),首次明确提出了"可持续发展"的概念。1987年,布鲁特兰委员会(也称为世界环境与发展委员会)发布了《我们共同的未来》报告,提出了可持续发展的经典定义:"是指满足当代人类需要的发展,同时不损害以后几代人对资源和环境的需求。"(Brundtland,1987)1992年,联合国在巴西里约热内卢召开了地球峰会(也称为联合国环境与发展大会),通过了《里约宣言》《气候变化框架公约》等一系列可持续发展相关文件。此后,世界各国和国际组织在可持续发展方面展开了广泛的合作与实践。

可持续发展理论的核心是公平,包括代内公平和代际公平。其中代内公平以生存与发展公平性原则为核心,还包含发展道路选择上的公平与自主原则、全球化规则制定的公平原则、各国环境责任分担公平原则和环境补偿原则(方行明等,2017)。代际公平则关注当前世代与未来世代之间的公平。这一原则强调,人类在满足当前需求的同时,必须确保不会损害未来世代的发展机会和资源获取。这是一个涵盖了时间跨度的公平观念,需要当代人从长远的角度考虑经济、社会和环境的发展。可持续发展理论强调经济、社会和环境三个维度的协调发展，以实现长期的可持续性发展。可持续发展理论的提出，是为了解决全球化发展不均衡、环境污染、气候变化等全球性问题，以寻找一种综合考虑经济、社会和环境因素的发展模式。这种模式旨在创造一个更加稳定、安全、健康和繁荣的未来，让人类子孙后代也能享受到地球丰富的资源，拥有公平和美好的生活。此外，可持续发展理论也强调公众参与和政策透明，认为所有的社会成员都应当参与到可持续发展的决策过程中，以确保其公平性和可行性。同时，政策的透明度和公开性也有助于增加公众的信任度，提高政策的执行效率。

在生态农产品价值转化的过程中，可持续发展理论起着重要的指导作用。这种理论源于对环境保护和可持续发展的关注，它主张在推动生态农产品价值转化的过程中，应注重提升生态农产品的生态价值。生态农产品的生态价值主要体现在其生产过程中的环保原则，如绿色生产、低碳生产等，这些原则大大降低了农业生产对环境的破坏，提升了生态农产品的生态价值。

除了生态价值，可持续发展理论也强调生态农产品的社会效益。社会效益主要体现在生态农产品对社会的积极影响，如提高人们的健康水平、改善食品安全状况等。生态农产品的社会效益也包括其对农业社区的积极贡献，如提供就业机会、促进社区经济发展等。因此，我们在推动生态农产品价值转化的过程中，应注重提升其社会效益，让更多的人享受到生态农产品的优质、安全和健康。

与此同时，在可持续发展理论分析框架下，生态农产品的价值转化亦不能忽视其经济效益。经济效益表现在生态农产品的市场价值，即其能为生产者和消费者创造的经济收益。生态农产品的经济效益往往体现在其高质量、高价格和高需求上，这是由其独特的生态属性决定的。因此，在推动生态农产品价值转化的过程中，还应注重提高其附加值，优化生产结构，提高生产效率，扩大市场份额，以提高生态农产品的经济效益，进而实现生态农业的经济、社会、环境效益的良性循环，推动生态农业可持续发展。

总的来说，可持续发展理论为推动生态农产品价值转化提供了全面的理论指导，它揭示了生态农产品价值转化的三个重要方面：生态价值、社会效益和经济效益。这三个方面相互影响，相互促进，共同推动生态农产品价值的转化。在未来的实践中，应遵循可持续发展理论的指导，综合考虑生态农产品的环保价值、社会效益和经济效益，以实现生态农产品价值的全面转化。

（三）动态能力理论

动态能力理论最初由 Teece 等人在 1997 年提出，已经成为战略管理研究中一个重要的理论框架，它为我们理解企业如何适应环境变化并维持其竞争优势提供了理论支持（Teece et al.，1997）。该理论专注于研究企业整合、构建和重塑内外部能力以应对快速变化的环境的能力。Teece 等人（1997）将动态能力定义为企业识别环境中的机遇和威胁，调动资源，抓住机遇，并在必要时转变组织以利用这些机会的能力。动态能力的核心是更新能力，以便与不断变化的市场环境保持一致。随后，Helfat 和 Peteraf 以及 Eisenhardt 和 Martin 等学者对动态能力的定义和运作机制进行了深化。Helfat 和 Peteraf（2003）认为，动态能力是组织有意识地创建、扩展或修改其资源基础的能力。相反，Eisenhardt 和 Martin（2000）则将动态能力视为企业在市场出现、碰撞、分裂、演变和消亡时实现新资源配置的组织和战略核心。

动态能力被认为是企业竞争优势的基础。Zahra 和 George（2002）认为，动态能力本质上是一种通过重新配置和整合资源来应对不断发展的客户需求和不断变化的竞争对手的能力。Zollo 和 Winter（2002）指出，动态能力是一种稳定的集体学习模式，使企业能够通过系统创造或调整运营规则来提高效能。Helfat 和 Peteraf（2009）将动态能力视为企业扩展、调整或创造常规能力的能力，将其定义为创造能力的能力。在最近的文献中，动态能力被链接到战略型创业和创新管理。Protogerou 等人（2012）发现动态能力与企业创新绩效之间存在强烈的关联。同时，Wilden 等人（2016）证明了动态能力在管理认知和企业绩效之间发挥中介作用，进一步强调了领导力在运用动态能力中的作用。

动态能力理论强调企业应具有一种识别、捕获和利用机会的能力，通过资源的整合、升级和重组，应对不断变化的环境，从而提高企业的竞争力。随着动态能力理论的发展，其适应范围不仅包括企业组织，还涉及创业者和其他个人战略发展领域（Zahra et al.，2006；Schiavon et al.，2022）。因此，在生态农产品价值实现过程中，动态能力理论亦具有重要的理论指导作用。首先，机会识别是动态能力理论的重要组成部分。机会识别代表着企业对外部环境变化和内部资源条件的敏感度和洞察力。在生态农产品产业中，生产经营组织需要识别新的市场需求、新的科技进步、新的政策环境等，以便抓住实现价值的机会。此外，生产经营组织还需要通过收集和处理信息，对市场趋势、消费者需求、竞争态势等进行准确预测，从而为决策提供依据。

其次，机会捕获是动态能力理论的另一个关键环节。机会捕获代表着企业对已识别的机会进行有效利用的能力。对于生态农产品生产经营组织而言，其需要通过开发新生态农产品、开拓新市场、优化生产过程等手段，将已识别的机会转化为实际的生产活动。此外，还需要通过制定适应性强的战略，将机会转化为企业竞争优势，从而实现生态农产品的价值。

资源整合是实现动态能力的重要途径。企业需要通过整合内部资源和外部资源，来构建高效的生产体系。在生态农产品生产经营组织中，资源整合涉及资金、人力、技术、信息等多个方面。企业需要通过优化资源配置，提高资源利用效率，来实现生态农产品的经济效益和社会效益的均衡提升。此外，资源升级是动态能力的重要体现，它代表着企业提高资源价值的能力。在生态农产品生产经营组织中，资源升级主要体现在科技创新、品牌建设、产品开发等方面。通过不断的资源升级，可以提高生态农产品的附加值，提升产品的市场竞争力，从而实现价值的增长。

资源重组是动态能力的关键环节，它代表着企业在面对环境变化时，调整和优化资源配置的能力。在生态农产品生产经营组织中，资源重组主要体现在根据市场需求、产业政策、技术进步等因素，对生产过程、营销策略、供应链管理等进行优化。通过资源重组，企业可以提高生产效率，降低生产成本，提升生态农产品的市场竞争力。

总体而言，动态能力理论通过机会识别、机会捕获、资源整合、资源升级、资源重组等环节，为生态农产品价值实现提供了理论指导。在实践中，生态农产品生产经营者应重点发展其动态能力，提升生态农产品的生产效率和市场竞争力，从而实现生态和市场价值的最大化。

第四节 研究内容与方法

一、研究内容

本书基于生态产品价值实现的理论和实践,提出了生态产品及生态农产品价值实现的相关概念和内涵特征。首先,分析了生态农产品价值实现的形成机制和构成要素;其次,剖析了生态农产品生产经营者的动态能力、资金、技术等现状与发展要求,进一步提出完善生产经营环境与政府保障机制,构建实现生态农产品价值的现实机制;最后,基于以上理论分析和实证研究提出相应政策建议。

二、研究方法

本书主要采用深度访谈法、问卷调查法、文献研究法、数理统计分析以及价值链分析法等多种研究方法,对生态农产品价值转化进行深入详尽的研究。通过对生态农产品价值转化相关人员和机构进行深度访谈与调研,深入理解生态农产品生产经营者和消费者对生态农产品的认知、态度和行为,从而为生态农产品的价值转化提供更准确的建言。

在确定访谈目的和对象阶段,笔者明确了访谈的主要目标是了解生产经营者和消费者对生态农产品的认知、态度和行为,并选择了生态农产品合作社、经销商、利益相关者为访谈对象。在制定访谈提纲阶段,拟定了包括开场白、核心问题、追问问题以及结尾问候在内的访谈提纲,并根据目标对象的不同对提纲进行适当的调整,以确保访谈的有效性。

在进行访谈阶段,笔者选择了面对面、电话以及在线等多种访谈方式。开场时先自我介绍并解释访谈的目的,请求对方的配合。在访谈过程中,注重问题的引导和追问,以确保问题得到详尽的回答,并避免出现偏离问题等现象。

访谈结束后，对访谈结果进行整理，例如将访谈录音转写成文字，或者将访谈笔记整理成报告。在整理结果时始终注意保护访谈者的隐私和信息安全。

在分析访谈结果阶段，笔者对调查访谈的文档资料进行了分析，探讨生态农产品生产经营意愿和价值转化的主要影响因素，并进行梳理，将其作为推进生态农产品价值转化建议的根据。其中对影响生态农产品生产经营意愿的研究部分，还采用数理统计分析方法，进行结构方程假设检验。

此外，在深度访谈的实施过程中，笔者还对生态农产品合作社进行了多次问卷调查，采用了叙事访谈、半结构访谈、实地观察与问卷调查相互结合的方法来收集数据。在前期的预调研阶段，对于调查对象，笔者先同时进行多组叙事访谈、半结构访谈和实地观察，找出共同问题后发放问卷调查，然后针对潜在问题再次进行半结构访谈，最后再次发放调查问卷以验证结果。

在价值链分析法方面，本书结合访谈调研结果，采用了价值链分析法来分析影响生态农产品价值转化的各个因素，特别是人才、动态能力、资金、技术、市场环境和政府等方面，识别出关键环节和价值驱动因素，并通过构建完整的生态农产品价值链相关模型，来评估生态农产品的总体价值以及在价值实现过程中出现的问题和困境，为未来的研究指明方向。

在文献研究法方面，本书通过查阅文献，搜集、整理、分析、归纳、总结文献中的相关信息，以掌握生态农产品研究领域的历史和现状，为研究生态农产品价值实现问题提供一定的参考和依据。本书依照以下步骤进行研究：首先，明确研究领域、研究目的和问题，确定需要搜集的文献范围和侧重点。其次，根据研究目的和问题，搜集与生态农产品价值实现相关的文献资料，包括论文、专著、政策文件和新闻稿等。根据搜集到的文献资料，筛选出与研究问题相关的文献，并对其质量、可靠性进行评估。然后，阅读和理解筛选出的文献，梳理出文献中的主要观点和论据，了解其研究背景、对象、方法和结果等，并将阅读过的文献整理成清单或文献表，按照一定的分类方式进行归纳整理。随后，对整理出的文献进行比较、分析和综合，掌握其研究的共性和差异，发现问题和不足之处，并对其进行思考和评价。最后，根据文献研究的结果，撰写文献综述，系统性地介绍研究领域的历史和现状，并提出本书的预期观点。

第二章
研究背景与文献综述

本部分首先进行研究背景分析，深入了解当前生态农业和生态农产品的发展环境、政策导向、产业现状及市场需求等因素，其次进行文献综述，梳理学术界关于生态农产品价值实现机制的研究现状。进行研究背景分析与文献综述，可以更好地把握生态农产品价值实现机制研究的全面性与深度，为进一步研究奠定基础。

第一节 研究背景

党的十八大以来，以习近平同志为核心的党中央高度重视生态文明建设，把生态文明建设作为统筹推进"五位一体"总体布局的重要内容。生态文明建设在"五位一体"总体布局中处于相对独立和基础的地位。这种突出地位决定了生态文明建设在破解经济发展难题、发展中国特色社会主义政治文明、创新社会主义文化发展路径、改善民生和创新社会治理等方面发挥着至关重要的作用（唐辉、杨海莺，2022）。

作为生态文明建设重要组成部分之一的生态农业，随着社会经济的快速发展和人们健康环保意识的不断提高，其对应的生态农产品越来越受到人们的重视。生态农产品是在生态农业体系下生产出来的农产品，它不仅具有经济价值，更具有生态价值和社会价值，因此，深入研究生态农产品价值实现机制对于推动我国农业可持续发展具有重要的理论和实践意义。

一、政府对生态农产品的政策扶持

我国政府对生态农业和生态农产品的发展给予了极大的政策支持。2012年修订的《中华人民共和国农业法》规定：发展农业和农村经济必须合理利用和保护土地、水、森林、草原、野生动植物等自然资源，合理开发和利用水能、沼气、太阳能、风能等可再生能源和清洁能源，发展生态农业，保护和改善生态环境。

2018年出台的《中共中央 国务院关于实施乡村振兴战略的意见》指出：

增加农业生态产品和服务供给，正确处理开发与保护的关系，运用现代科技和管理手段，将乡村生态优势转化为发展生态经济的优势，提供更多更好的绿色生态产品和服务，促进生态和经济良性循环。加快发展森林草原旅游、河湖湿地观光、冰雪海上运动、野生动物驯养观赏等产业，积极开发观光农业、游憩休闲、健康养生、生态教育等服务。创建一批特色生态旅游示范村镇和精品线路，打造绿色生态环保的乡村生态旅游产业链。

2021年出台的《中华人民共和国国民经济和社会发展第十四个五年规划和2035年远景目标纲要》提出：推进农业绿色转型，加强产地环境保护治理，发展节水农业和旱作农业，深入实施农药化肥减量行动，治理农膜污染，提升农膜回收利用率，推进秸秆综合利用和畜禽粪污资源化利用。完善绿色农业标准体系，加强绿色食品、有机农产品和地理标志农产品认证管理。强化全过程农产品质量安全监管，健全追溯体系。建设现代农业产业园区和农业现代化示范区。

此外，2018年修订的《中华人民共和国农村土地承包法》也为生态农业的发展提供了法律保障，其要求土地经营权流转应当遵循"不得改变土地所有权的性质和土地的农业用途，不得破坏农业综合生产能力和农业生态环境"的要求。

二、生态农产品市场需求快速增长

随着人们生活质量的提高，消费者对食品的需求已经从单纯关注价格和口感转向关注食品的健康和环保特性。生态农产品也得到了广大消费者、政府和经营企业的认可，我国城乡居民对生态农产品的需求量在逐年增长，消费生态食品已成为一种趋势。此外，食品安全问题影响着消费者的信心。生态农产品的生产过程中严格控制化肥、农药的使用，注重生产环节的环保，因此生态农产品在保障食品安全方面具有显著优势。《中国农业绿色发展报告2021》显示，2020年我国绿色食品国内销售额达5075.65亿元人民币，同比增长8.99%；出口额为36.78亿美元，同比下降10.97%。此外，全国绿色食品、有机农产品、地理标志农产品获证单位总数为23 639家，获证产品总数50 295个，同比分别增长18.5%、15.6%。全国有绿色食品原材料标准化生产基地创建单位516家，原材料基地742处，涉及水稻、玉米、大豆、小麦等百余种地区优势农产品和特色农产品，总面积超过1.7亿亩，近2247万农户参与基地建设（中国农业绿色发展研究会和中国农业科学院农业资源与农业区划研究所，2022）。

根据瑞士有机农业研究所和IFOAM国际有机联盟的报告，2020年全球有机食品市场规模达到1206亿欧元，人均消费15.8欧元，而2010年全球有机食品市场规模仅为591亿美元（瑞士有机农业研究所和国际有机联盟，2022）。按2020年1欧元兑换1.1422美元的平均汇率计算，10年间全球有机食品市场规模增加了133%。此外，美国的生态农产品需求也在快速增长。美国农业部网站的数据显示，2010年美国有机食品销售额估计为269亿美元，到2021年达到520亿美元，增长了93%。自有机食品行业开始零售产品以来，新鲜水果和蔬菜的销售一直是有机种植食品的首要类别。2021年，美国有机新鲜水果和蔬菜的零售额为192亿美元，并且在过去二十年中一直呈稳步上升趋势。

三、生态农产品供给与价值转化不足

国务院2021年印发的《"十四五"推进农业农村现代化规划》指出，我国农业基础依然薄弱。耕地质量退化面积较大，育种科技创新能力不足，抗风险能力较弱。资源环境刚性约束趋紧，农业面源污染仍然突出。转变农业发展方式任务繁重，农村一二三产业融合发展水平不高，农业质量效益和竞争力不强，农村发展存在短板弱项。同年，农业农村部、国家发展和改革委员会、科技部、自然资源部、生态环境部、国家林业和草原局印发的《"十四五"全国农业绿色发展规划》亦明确提出了现有生态农业发展与价值实现的不足：绿色优质农产品供给还不足，农产品多而不优，品牌杂而不亮，绿色标准体系还不健全，全产业链绿色转型任务繁重，还不适应消费结构升级的需要。绿色发展激励约束机制尚未健全，绿色生态的政策激励机制还不完善，与农业绿色发展相适应的法律法规和监督考核机制还不健全，生态产品价值实现机制尚未形成。

此外，生态农产品的生产需要更为严格的环境标准和管理措施，通常会导致生产成本提高。尽管生态农产品的价值通常高于常规农产品，但受市场成熟度特别是消费者对其价值认知的影响，生态农产品价值的实现在一定程度上受到了限制。

第二节　文献综述

生态农产品是在遵循自然规律和生态原则下生产的，不仅具有经济价值，更具有重要的生态价值和社会价值。然而，如何有效地实现生态农产品的价值，使其经济价值、生态价值和社会价值得到充分体现，是当前生态农产品研究的重要话题。本部分将对生态农产品价值实现的相关文献进行梳理，试图全面理解和探讨生态农产品价值实现的研究现状、问题以及前景，以期为生态农产品价值实现机制研究提供理论支撑和参考。

一、生态农产品价值方面

Rasul 和 Thapa（2004）的研究结果指出生态农业比传统农业在生态、经济和社会方面有着更高的价值，因为它需要的农用化学品要少得多，其向土壤添加更多的有机物质，产出健康的食物，虽然需要更高的当地投入，但不会明显损害产出和经济效益。Chen 和 Lobo（2012）认为，生态农产品通常具有较高的市场价值，消费者愿意为其高品质和环保特性支付溢价。MacRae 等人（2009）研究发现，生态农业在生产过程中强调与其他农业生产者、加工商、分销商和消费者之间形成良好合作关系，且生态农产品具有较高的食品安全性，有益于消费者的健康和安全，有利于实现整个社会的和谐发展，从而产生社会价值。此外，生态农业的发展可以推动农村经济发展，增加农民收入，推进农村的振兴，这亦是社会价值的有力表现（Scott et al.，2014）。Gomiero 等（2011）阐述了生态农产品的生态价值，即生态农产品在生产过程中使用较少的化学农药和化肥，减少对土壤、水源和空气的污染，有利于维护生态平衡和生物多样性。此外，生态农业采取的循环经济和节能技术，有助于资源的高效利用和环境保护。

二、生态产品价值实现路径方面

李福夺和尹昌斌（2022）的研究表明引导消费者为生态农产品合理付费不仅有利于培育和发展壮大生态农产品市场，也对改善居民健康、提升生态环境质量具有重要的现实意义。叶有华等人（2022）则提出了乡村振兴视域下的市场路径、政府路径、公益路径、"政府+市场"路径、"政府+公益"路径、"市场+公益"路径等6种生态产品价值实现的主要路径。Schiller等人（2020）认为技术创新是生态农产品价值实现的重要路径之一。引入和创新适应生态农业生产的高效、环保的技术，可以提升生态农产品的生产效率和质量，从而实现其价值。Lamine（2015）则认为生态农产品的价值实现还可以通过创新商业模式来实现。例如，建立社区支持的农业生产方式，或者实施农产品预售等新型商业模式，可以提升生态农产品的销售效率，实现其价值。此外，开发和利用生态农产品市场，提高其在总体市场中的知名度和影响力，是实现生态农产品价值的有效途径。

在具体路径方面，李忠（2020）提出了三条路径，第一是保护绿水青山，完善生态补偿机制，包括合理配置生态补偿资金，提高长江流域生态保护能力；统筹各类补偿资金和政策，探索建立长江流域综合性补偿办法；建立奖惩分明的激励约束机制，实现生态保护成效与资金分配相挂钩。第二是盘活绿水青山，建立市场化运作机制，包括确权绿水青山，推进长江经济带生态资源变资产；建立长江经济带生态产品交易市场，积极探索生态资源变资本的交易机制。第三是依托绿水青山，促进生态资源向生态经济转化，包括推动生态产品转化为生态农产品、生态旅游产品和生态工业品。孟召博和张延飞（2020）阐述了生态农产品的生产路径，剖析其生态"有价"的合理性，探索更有利于其实现有效供给的路径。周一虹和元庆洁（2022）的文章从具体实践、案例启示和政策建议三个方面讨论甘肃生态产品价值实现的过程，提出建立健全生态产品价值实现机制的相关政策建议：（1）加强生态产品管理，识别并维护生态产品价值；（2）加大技术研发力度，增加生态产品附加值；（3）建立健全绿色金融体系，促进生态产品价值实现；（4）推进生态产品产业发展，完成生态产品价值变现。Liu等人（2021）研究发现，通过市场机制实现的生态农业产品的价值，还可以通过提高绿色度或特殊度的方式进一步增值，建立农业产业链；尚未通过市场机制实现的农业生态产品的价值，应通过生态产品赋能和区域共享品牌的质量承诺来补偿或实现；多途径进行温室气体减排、完善土地养分管理策略，减少氮、磷、农药和杀虫剂对生态系统和人类健康的危害，从而保全或增加农业生态产品的价值。

三、生态农产品供给方面

杨爱君和范志方（2020）以生态农产品与电商精准扶贫耦合发展作为研究对象，从微观层级互动、中观层级匹配发展、宏观层级融合三个层面重点讨论生态农产品与电商扶贫耦合的可能性和必要性得出，实际操作中，应不断增强"互联网＋"对产业扶贫的支撑作用，创建大数据、新业态、多功能的创新性模式，扩大电商精准扶贫的惠及深度及广度，以此提高贵州贫困山区农村电商精准扶贫的效率。李海霞（2019）指出，应当继续加强生态农产品营销与循环经济的全方位对接，加快营销机制的调整、更新，推动农产品产业化运作的转型、升级，从而充分协助农业供给侧结构性改革的有序推进。孟召博和张延飞（2020）指出，加强优质生态农产品的供给，是深入践行"两山"理论，助力乡村振兴战略的关键之举。其从供给侧改革的视角，阐述生态农产品的生产路径，剖析其生态"有价"的合理性，探索更有利于生态农产品实现有效供给的路径。

四、生态农产品经营模式

蔡军和王彬彬（2016）分析了"农场—机构"计划、社区支持农业、预售制农业等生态农业主流经营模式的发展历程、基本特征、生态经济效益，提出推进生态农业一二三产业融合发展、规范生态农业标准和生态农产品认证、强化生态农业经营模式创新的人才支撑等生态农业发展策略。尚杰等人（2021）

研究发现，小农户与生态农业产业链的衔接存在如下偏好：（1）小农户更愿意通过"小农户+龙头企业"路径及"小农户+电商平台"路径与生态农业产业链衔接；（2）相对于股份合作，小农户对于合约协作和务工参与等利益联结机制有着显著偏好；（3）小农户对于产业链服务的偏好依次为农资供应服务、农业生产技术指导服务、资金信贷服务、加工及物流服务；（4）小农户在政策扶持上更偏好农业补贴；（5）小农户与生态农业产业链衔接偏好存在异质性，小农户年龄及生态农产品种植面积对衔接效用具有正向影响，而小农户受教育水平在一定程度上制约了衔接效用的发挥。程存旺等人（2011）梳理了食品安全监管中政府失灵的内在机制和化解失灵的制度设计的相关文献，在借鉴既往研究和国外实践经验的基础上设计了小毛驴市民农园CSA运作试验，总结分析了参与式试验的经验和问题。刘加珍等人（2013）分析我国经济欠发达地区发展生态农业的市场制约因素，认为要促进欠发达地区生态农业发展，应做到政策倡导与产业化经营并进，尤其要扶持龙头企业，加强技术培训，此外塑造产品品牌也至关重要。Shen等人（2022）从生态产品基础理论、产业模式构建、产业示范、质量监测与评价、产品销售空间、产品价值实现与提升研究等角度对生态农业的发展现状进行了分类和总结，认为应将生态农产品的生态性和经济性的双重属性加以融合，并提出了巩固石漠化治理成果的可持续产业模式和产业增值启示。

五、生态农产品的消费者认知及行为方面

李文东等人（2005）认为生态农产品是一种特殊的优质产品，而我国的农产品生产企业本身具有特殊性。在激励生态农产品生产的博弈中，造假企业并不总会被严厉追责，企业生产假冒产品后，也并不是只有关门倒闭这一种结局，所以，保证生态农产品生产规模的定价依据十分复杂。引导消费行为、改善消费者结构、促进信息交流和在某种条件下对企业严格管理也可以激励生态农产品生产。吴雯婷（2021）选取消费者对环境保护的认知、产品特征属性、个人和家庭的特征等指标，对一个中等收入城市的消费者对生态农产品的购买意愿进行探讨。结果显示，消费者对环境保护的认知、质量安全、营养程度和产品

品牌等因素对购买意愿有显著影响。应通过促进合作化经营、提高消费者对生态保护认知水平和信任度、建立地区品牌等措施提高消费者购买生态农产品的意愿。在生态农产品的供给方面，当前市场上流动的农产品普遍存在面源污染严重、产品供给同质化、产品质量较低；而遵循生态系统系统规律生产的高质量农产品，却面临着缺少品牌认证、供给成本较高、消费者购买意愿不足等问题，导致"劣币驱逐良币"的现象。Polimeni 等人（2018）认为农贸市场是一个重要的直接面向消费者的市场，使非农民能够购买当地生产且通常可持续种植的农产品和其他产品。消费者在可持续农产品市场选择的决策中，经济价值、财富状况和教育水平起着重要的作用。这些研究成果对于推动和维持可持续农业发展具有较为重要的意义。

六、营销策略方面

Tilman 和 Clark（2014）探讨了全球饮食对环境可持续性和人类健康的影响，提出了推动转向生态农业生产的必要性，而生态农产品的营销及发展是亟待解决的问题之一。史豪慧（2015）则阐述了生态农产品的内涵及其品牌建设的意义，从生态农产品品牌传播的政策与市场环境问题、品牌传播渠道与技术问题及品牌传播资源整合问题等方面指出遏制消费者购买意愿的生态农产品品牌传播的若干主要问题，并给出优化生态农产品政策与市场环境，革新其品牌传播渠道与技术及整合品牌传播资源的可行对策。朱彪（2019）的研究表明，建立打造生态农产品集群品牌是解决产品难卖问题和提高农民收入的根本途径，是使生态农产品提高价格并形成竞争优势的基础，它能够有效提高生态企业营销计划的执行效率，对增强生态农业产业集群知名度、美誉度，提升农产品产业层次，提高生态农产品核心竞争力具有积极作用。曾国华（2019）认为，社交媒体和电商平台的技术与社会可供性（affordance）可能已经进入了一种含混（obfuscated）的状态——数字媒介和电商平台在为普通用户提供便捷的创业机会的同时，也在这个过程中复制并强化既有的社会区隔和分化机制。Tureac 等人（2010）的研究揭示了消费者对有机产品的信任度与其总体环保信念之间存在显著的关联性。然而，研究同时也发现，尽管消费者倾向于购买公司生产的绿色产品，但在识别环保的产品（除了清洁产品）方面，大部分消费者仍表现出困扰，尤其是产品的营销推广方面，这一点并没有得到应有的重视。周思思和周发明（2020）认为，各生态农产品企业想要在生态农产品市场中站稳脚跟，不仅要着力提升产品质量，还需积极改进营销方式。基于4P理论（4个基本策略的组合，即产品product、价格price、推广promotion、渠道place）来看，目前，许多农产品企业在生态农产品营销过程中都面临着产品营销困境、价格营销困境、渠道营销困境以及促销营销困境。对此，各农产品企业还需以4P理论为指导，不断优化生态农产品的产品营销对策、价格营销对策、渠道营销对策以及促销营销对策。陈小龙和张小会（2022）的研究以生态时代为背景，指出应在生态消费升级中促使绿色产品转型升级，发现绿色产品中存在的问题，并提出相应的对策。

朱明（2019）提出应进一步加强循环经济发展理念与生态农产品营销体系的全方位融合，构建更为规范化、多元化、创新性的营销运营机制，由此加快农产品产业化发展的更新转型、提档升级。黄琬迦（2020）的研究基于钻石定位理论模型中找位、选位、到位三步骤，认为应结合营销组合要素，从产品要素、价格要素、渠道要素、沟通要素四个方面进行营销到位规划，让产品要素的服务因素这一定位点优于竞争对手，其他非定位点达到行业平均水平，为定位点做出贡献。李静（2017）认为，为了促进生态农产品营销的可持续发展，应当积极吸纳循环经济的先进理念，完善生态农产品营销策略，不仅要在全社会倡导生态农产品消费观念，培育健康有序的生态农产品营销环境，而且要在构建多元化信息发布渠道的基础上，采用立体化的生态农产品营销组合手段。董晓东（2017）阐述了生态农产品的集群化品牌营销内涵及理论基础，从健全市场信息收集机制及需求响应机制、推动集群化销售渠道建设和完善共同促销策略等方面完善生态农产品的集群化品牌营销策略体系，并从政府政策、行业协会和生产基地等方面建立优化生态农产品集群品牌营销效果的支撑体系。

七、政策法律法规方面

严明清（2003）主要是对我国生态农产品管理和法律保护的现状进行了分

析,并介绍了国外建设生态农产品体系的经验,同时提出了大力加强生态农产品法制建设应注意的问题。戴桂林和卜凡(2009)通过对生产者和消费者建立博弈模型进行分析,提出应由政府建立生态农产品鉴定机制进而刺激消费。李铜山和黄延龙(2020)的研究指出,积极增加农业生态产品供给,要克服多种现实障碍,如政府缺乏增加农业生态产品供给的顶层设计、农户缺乏农业大生态产品观念和增加供给的积极性、新型农业经营主体对增加农业生态产品供给的带动作用发挥不够等。因此,要做好增加农业生态产品供给的顶层设计,树立农业大生态产品理念并设立发展基金,开展增加农业生态产品供给示范行动等。徐双溪和梁振东(2022)分析了生态农产品的内涵、形成条件与现实意义,发现其实现过程中面临着认识观念、制度和政策以及生态农产品供应方内生动力等因素的影响,提出应提高对"两山"理念和生态农产品价值实现观念的理解能力、健全相关的支撑性制度和政策工具、提升生态农产品供应者的内生动力等解决途径。

国外借鉴方面,秦炳涛(2015)研究了日本生态农业20世纪六七十年代以来取得的较为明显的发展成就。消费者对健康的诉求及市场力量分别对其起到了催生和引导作用,而政府则是其发展壮大的主要推手。秦炳涛分别从财政支持与技术推广、确立与完善相关法律法规、资格认证与监督及协助开拓市场等方面,对日本政府推动农业可持续发展的策略进行了分析,并总结其对我国生态农业发展的启示。Koreleska(2017)对波兰生态农业及其产品市场的研究发现,尽管在过去的三年间,生态生产出现了一定的下滑,但只要政府在此领域的政策保持一致就可预见,不仅社会繁荣程度会提高,而且农民和消费者的生态意识也会提升,波兰的生态农业及其产品市场依然有发展的可能性。

八、生态农产品综合评价方面

张雪梅和吴凤娇(2007)运用钻石模型剖析福建省生态农业的竞争力,并在此基础上结合灰色关联度分析法对福建省与其他华东省份生态农业的竞争力进行比较,研究结果显示:相对而言,福建省生态农业的总体竞争力水平较低,仅在高级生产要素及机遇方面具有一定优势,须从优化生产要素、拉动需求和拓宽政策导向等方面来提升福建省生态农业竞争力。

　　以上文献对生态农产品从价值、实现路径、供给、经营模式、消费者认知及行为、营销策略、政策法律法规和综合评价等方面进行了研究，有助于理解生态农产品价值转化实现的特点和规律，为本书探讨生态农产品价值实现机制，特别是实现的保障机制，提供了借鉴参考。

第三章
生态农产品价值实现机制、路径与模式

生态农产品价值实现机制、路径与模式三者之间存在密切的关联性。实现机制是生态农产品从生产到价值实现的内在制度动力及其运行规律；实现路径则是根据实现机制确定的具体步骤和途径；实现模式是在特定机制和路径指导下形成的商业价值实现方式。三者相辅相成，构成了生态农产品价值实现的完整框架，起到了引导、实施和优化的作用。

第一节　生态农产品价值实现机制

生态农产品价值实现机制是指在生态农业生产、加工、销售和消费等环节中，通过一系列政策、经济、社会等因素相互作用，实现生态农产品价值的过程。《中华人民共和国国民经济和社会发展第十四个五年规划和2035年远景目标纲要》名词解释中指出，生态产品价值实现机制是指将生态产品所具有的生态价值、经济价值和社会价值，通过生态保护补偿、市场经营开发等手段体现出来，建立生态环境保护者受益、使用者付费、破坏者赔偿的利益导向机制（国家发展和改革委员会发展战略和规划司，2021）。上述定义有着较为明显的服务于狭义生态产品价值实现机制的特征，强调了生态保护补偿。

生态农产品则属于广义的生态产品，其与人类劳动投入有着直接关系，是指在生产过程中遵循生态原则，采用环保、资源节约、可持续的农业生产方式，减少化学农药、化肥、激素和抗生素等有害物质的使用，从而使农产品具有优良品质和安全性的农业产品（Chen，2007）。与狭义的生态产品即自然产品不同，生态农产品的消费者主要为社会大众，有着较为明确的受益对象。根据市场规则和正常运作的市场机制，通过有效的信息传递、价格信号、市场调节等手段，一定程度上能够保障生态农产品的价值顺畅地从生产者处转化到消费者手中，保障了生态农产品价值的实现。因此，生态农产品价值实现机制与狭义的生态产品价值实现机制有着较为显著的差异。

但是，生态农产品价值实现机制依然整体上服从于生态环境保护者受益、使用者付费、破坏者赔偿的利益导向机制。其中生态环境保护者受益主要涉及消费者和生产者。对生产者而言，生产生态农产品有助于保护其拥有或使用的土壤、空气和水质的生态化和生物多样性；对消费者而言，生态农产品的使用带来了绿色健康安全的农产品，提升了消费体验。就使用者付费而言，生态农产品相对于非生态农产品具有价格上的溢价，体现了使用者（消费者）额外的付费。就破坏者赔偿而言，主要涉及生产者泛用农药、化肥等生产物资，其超过标准的行为将受到法律法规的监管和处罚。值得注意的是，生产者在法律法规标准之内使用农药、化肥，生产出来的并非就是生态农产品。生态农产品的标准远高于非生态农产品，对这部分溢出的要求或环境损害，生态农产品无法通过破坏者赔偿机制实现价值补偿，还需要相应的政策给予直接或间接的支持。

根据上述分析，生态农产品价值实现机制更多是依托于市场经营开发手段，面向市场通过生态环境保护者受益、使用者付费机制，辅以破坏者赔偿机制，进而形成市场运行加政府监管帮扶的机制框架。具体而言，生态农产品价值实现机制涉及生产要素、市场需求、政策支持、产业链协同等多个方面的保障机制。实现生态农产品价值的关键即在于优化生产要素配置，关注市场需求变化，强化政策支持，推动产业链协同合作，如图3-1所示：

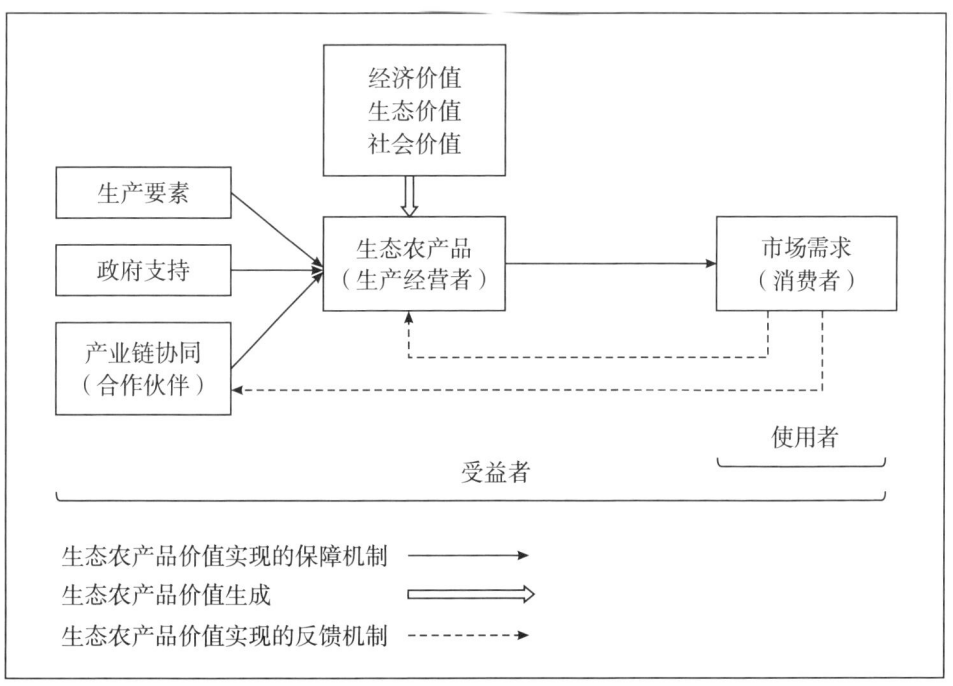

图3-1 生态农产品价值实现机制示意图

本书将生态农产品价值实现机制划分为反馈机制和保障机制两方面。反馈机制指生态农产品的经济价值、生态价值和社会价值由使用者（消费者）所支付的部分，分别由生态农产品的生产经营者和产业链合作伙伴通过市场交易获得。保障机制则通过政府介入，由生产要素、政府支持和产业链协同构成。本书的重点即在生态农产品价值实现的保障机制方面。

在生产要素方面，生态农产品的价值实现首先依赖于生产要素的供给。生产要素包括土地、水资源、生物资源、技术和劳动力等。生产要素的有效配置和合理利用能够提高生态农产品的生产效率，降低生产成本，从而增加生态农产品的价值。例如，生态农业生产者可以通过采用水资源循环利用、土壤保持和生物多样性保护等技术手段，优化生产要素配置，提高生产效益。在市场需求方面，生态农产品的价值实现与消费者认知、市场需求密切相关。随着人们环保意识的提高和对健康、安全、营养食品的需求不断增加，生态农产品市场需求逐渐扩大。生态农业生产者需要关注市场需求变化，合理调整生产结构和产品种类，以满足消费者的多样化需求。此外，生态农产品的品质优势也是实现价值的重要因素。生产者应在保证产品质量的前提下，合理定价，提高生态农产品的竞争力。在政策支持方面，政府可以通过制定和实施一系列政策措施，扶持生态农业发展，如提供生态农业生产的资金支持、技术指导和市场推广等，促进生态农产品的价值实现。在产业链协同方面，生态农产品在技术、生产、加工、销售、物流、服务等环节协同配合，可以提高生态农产品的附加值，降低成本，提高效率，优化资源配置。

本书的后续章节将围绕生态农产品价值实现机制所涉及的生产要素、市场需求、政策支持、产业链协同等多个方面展开论述，进而提出实现生态农产品价值转化的相关建议。

第二节 生态农产品价值实现路径

生态农产品价值实现的路径，是指生态农产品在从生产到消费的全过程中，通过不同的途径实现其市场价值、生态价值和社会价值的过程。2020年自然资源部办公厅关于印发《生态产品价值实现典型案例》（第一批）的通知中，指出生态产品价值实现的路径主要有三种：（1）市场路径，主要表现为通过市场配置和市场交易，实现可直接交易类生态产品的价值；（2）政府路径，指依靠财政转移支付、政府购买服务等方式实现生态产品价值；（3）政府与市场混合型路径，指通过法律或政府行政管控、给予政策支持等方式，培育交易主体，促进市场交易，进而实现生态产品的价值。

如前所述，生态农产品属于广义的生态产品，与狭义的生态产品相比，两者在实现价值转化所面临的市场方面有着显著差异。市场加政策的模式为生态农产品价值实现提供了可行性，市场路径成为生态农产品价值实现的重要依托。但是，生态农产品作为一种具有正外部性的商品，其生产过程中产生的生态效益具有公共产品属性，可以为全社会带来环境效益，这是市场机制难以完全内部消纳的，从而导致资源配置产生偏差，无法达到社会福利最大化的状态。在此情况下，政府介入的作用不容忽视。根据公共选择理论（Buchanan，1987），当市场机制无法有效解决正外部性问题时，需要政府的公共政策介入以纠正市场失灵，通过制定和实施相关政策，引导和激励生态农产品的生产和消费。例如，政府可以通过提供补贴、优惠政策等方式，降低生态农业生产的成本，激励生产者转型为生态农业生产模式；通过实行绿色采购、推广生态农产品等方式，引导消费者消费生态农产品，提升生态农产品的市场需求。同时，政府还可以通过建立完善的生态农产品认证和监管体系，保障生态农产品的品质，提升消费者对生态农产品的信任度。因此，本书认为，生态农产品价值实现的路径可主要由市场路径、政府与市场混合型路径推进。其演进的路径，可基于现阶段生态农产品市场发育程度不足的状况，以政府与市场混合型路径为主，逐步过渡到以市场路径为主导的方式。生态农产品价值实现的具体可行路径可从如下方面推进。

一、技术创新路径

技术创新是生态农产品价值实现的重要路径之一。引入和创新适应生态农业生产需要的高效、环保的技术，可以提升生态农产品的生产效率和质量，有助于实现其价值（Schiller et al.，2020）。从生产效率看，高效、环保的农业生产技术的引入和创新，是提升生态农产品生产效率的基础；从质量看，智能化技术创新能够显著提高生态农产品的质量，而优质的生态农产品不仅可以满足消费者对健康、安全食品的需求，也可以提升农产品的附加值；从生产模式看，技术创新可促进农业从传统的资源消耗型、污染型生产模式向环保型、可持续型生产模式转变，从而带来更大的社会经济效益；从产业结构看，技术创新可推动发展高附加值的生态农产品加工业，带动农业产业链的延伸，实现农业增值和农民增收。

二、创新商业模式路径

生态农产品的价值还可以通过创新商业模式来实现。例如，建立社区支持的农业或者开展农产品预售等新型商业模式，可以提升生态农产品的销售效率，实现其价值（Lamine，2015）。此外，开发和利用生态农产品的市场，提高其在整体市场中的知名度和影响力，是实现生态农产品价值的有效途径，包括通过品牌建设、营销策略等手段，提升消费者对生态农产品的认知水平和接受度（张晓娟，2013）。

三、政策支持路径

政策是影响生态农产品价值实现的重要因素。政策支持可覆盖生态农产品生产经营的各个环节，对投资、生产、加工、销售和消费等环节都有直接或间接的影响，进而为生态农产品的生产经营者降低各类交易成本。自然资源部办公厅《生态产品价值实现典型案例》提及的政府与市场混合型路径，主要涉及政策支持。根据 Magdoff（2007）、Scherr 和 McNeely（2008）的研究，政策支持，如提供生态农业生产的资金支持、技术指导和市场推广等，可以有效地促进生态农产品的价值实现。

第三节　生态农产品价值实现商业模式

在农业可持续发展的大背景下,生态农产品价值实现商业模式的重要性愈发凸显。这种商业模式不仅是生态农业理念与实践的有机结合,还融入了商业的元素,构成了一种独特的复杂系统。该系统为消费者提供高质量、可持续生产的生态农产品,同时为农民提供稳定的收入来源,以此推动农业和农村经济的发展。根据调研访谈与相关文献分析,生态农产品价值实现的主要商业模式包括合作社、"公司+农户"、垂直整合和直销型等。

一、合作社模式

本研究发现生产者合作社模式为生态农产品价值实现商业模式的主要模式。该模式允许农民以共享资源和技术的方式组成合作社,共同生产和销售生态农产品。这种模式主要依托于社员的自有田地及流转土地实施,其既扩大了生产规模,降低了单位生产成本,提高了生产效率,实现了规模经济,也有助于农民通过合作增大收益,实现农民权益的最大化。此外,该模式既可推动农业实现生态化和持久化,同时也有助于维护农民的权益。合作社模式中合理的资源配置和集体决策可以优化生产过程,提高产品质量,增强市场竞争力,从而实现社会、经济和环境的可持续发展。

具体而言,本书调研发现生态农产品合作社的运营管理者都会设定每个人的职责,以实现协作分工以及对每个人任务的合理分配。这种做法能够有效地解决内部纠纷,减少合伙人之间的冲突,有利于工作的推进和合作社的发展。例如,某柑橘种植合作社的分工就非常明确:专人负责种植、日常管理、病害虫防治,专人负责销售。但在销售方面,本书所调研的生态农产品生产经营合作社,普遍接触不到高端资源,主要从如下营销方式中进行选择:(1)地方政府统一协助安排采购;(2)与农产品深加工企业合作;(3)在淘宝、抖音等线上平台销售;(4)与传统农产品经销商合作;(5)在当地开门店销售。

二、"公司+农户"模式

该模式下,公司与农户建立合作关系,通过技术转让和资本投入,帮助农户提高生产能力和产品质量,并根据协议采购农户生产的产品。这种模式有利于形成稳定的产品供应链,保证公司的生产需要,同时也为农户提供了稳定的收入来源;有助于实现生态农产品的商业化和规模化,促进生产效率的提高和生态农产品质量的提升(刘增金、李秉龙,2014)。

然而,"公司+农户"模式这种商业模式亦存在着销售渠道锁定和生产组织缺乏灵活性等弱点。在"公司+农户"模式下,农户通常将生产的产品交由合作的公司负责销售,由于渠道锁定,公司发生风险时农户很难在短期内寻求其他销售渠道。这种依赖性可能导致农户在面对市场风险和价格波动时缺乏足够的应对能力。此外,由于农户与公司之间的合作关系通常是长期性的,当市场需求发生变化时,这就导致农户很难迅速调整生产计划和策略。这种情况可能会导致农户难以及时把握市场机遇。当合作公司面临经营风险和流动性风险时,这些风险可能会迅速传递至与之合作的农户。例如,当公司出现财务危机或破产时,农户可能会面临延迟支付甚至无法收回货款的风险。这不仅对农户的生产经营造成严重影响,还可能导致整个产业链上的公司与农户信任破裂和合作关系瓦解。

三、垂直整合模式

这是一种将生产、加工和销售过程整合在一起的商业模式。垂直整合模式通常由大型农业企业或食品加工企业,通过投资新建、并购等方式实现,直接整合了一二三产业相关资源。通过垂直整合,公司可以控制整个产品链,提高产品质量,降低成本,并实现更高的利润。这种模式有助于农产品实现产值化和价值化,突破传统的生产、加工和销售分离的模式,实现产品链的无缝对接,提高了生产效率和产品质量,同时也提升了市场竞争力(Li et al.,2018)。

垂直整合模式亦存在着一些不足之处,如管理更为复杂,垂直整合意味着企业需要管理更多的业务和流程,这可能会增加管理的复杂性和困难。垂直整合通常需要大量的资本投入,呈现重资产的特征。如果市场条件发生变化,企业可能会面临较大的投资风险,降低了企业的灵活性,使其在面对市场变化和消费者需求变化时难以快速调整。此外,过度的垂直整合可能会抑制企业内部和供应链上的创新活动,因为企业可能更倾向于维持现有的业务模式和操作流程,而不愿进行创新和尝试(Christensen et al.,2002)。

笔者在调研过程中发现,由政府牵头形成的生态农产品价值实现垂直整合模式正在盛行。如将生态农业与旅游业进行整合,甚至是将生态农业、食品加工制造业和旅游业进行整合。通过政府投资或补贴一二三产业,招商引资第二、三产业合作伙伴的方式,实现生态农产品产业链的融合。这种模式既有利于提高生态农产品的附加值,也有助于优化区域产业结构,形成完整的生态农产品产业体系,进一步提升生态农业的经济效益和社会效益,为乡村振兴提供强有力的支撑。如发展农家乐、采摘园、观光农业等项目,吸引游客前来体验乡村文化和绿色生活,不仅拓宽了生态农产品销售渠道,还带动了乡村旅游业的发展。而生态农业与食品加工制造业的整合则表现为,政府鼓励制造业企业拓展生态农产品种养殖基地,采用生态农产品作为原料,生产更加健康、绿色的食品。这种模式与"公司+农户"模式有着较为相似之处,差异在于前者主要依托股权投资,后果则依托于合同契约。

四、直销模式

直销模式主要为生态农产品个体农户所采用,在这种模式下,农产品生产者直接将产品销售给消费者,省去了中间环节。这种模式有助于实现农产品的个性化和差异化,特别是微信、社区销售等线上线下渠道,可以直接满足消费者对高质量农产品的需求,提高消费者的满意度,同时也增强了农产品生产者与消费者之间的互动,提升市场的活跃度。

但是直销模式对生产者的要求较高。在直销模式下,生产者需要直接面对消费者,这要求他们除了熟练掌握生产技术外,还需要具备一定的营销技能和服务意识。然而,大多数农户因年龄和学历的原因,其专业技能和服务水平有限，从而影响到销售效果。此外，直销模式下的销售渠道较为有限。尽管微信、社区销售等线上线下渠道可以帮助农户直接接触消费者，但其覆盖范围相对较小，无法覆盖更广泛的消费群体。更重要的是，农户在开展直销时，可能会遭遇各种销售困难，如销售网络建设、销售策略制订等环节，以及当消费者遇到问题时，他们可能无法提供及时有效的解决方案，影响消费者的购买体验和满意度，进而影响农户的经营。

第四节　生态产品价值实现典型案例参考

本部分选取自然资源部办公厅印发的第一批、第二批和第三批《生态产品价值实现典型案例》中部分与生态农产品相关的案例，分析生态产品价值实现的机制、路径和具体举措。值得注意的是，自然资源部办公厅的《生态产品价值实现典型案例》，主要聚焦于狭义的生态产品，即自然生态产品，并非生态农产品，但考虑到生态产品的生态价值、社会价值和部分经济价值，《生态产品价值实现典型案例》依然对生态农产品价值实现具有重要参考意义①。

一、江苏省苏州市金庭镇发展"生态农文旅"促进生态产品价值实现案例

江苏省苏州市金庭镇发展"生态农文旅"促进生态产品价值实现案例素材，来自自然资源部办公厅印发的第二批《生态产品价值实现典型案例》。

苏州市吴中区金庭镇地处太湖中心区域，距离苏州主城区约40千米，拥有中国最大的淡水湖泊岛屿西山岛，以及84.22平方千米的太湖风景名胜区、148平方千米的太湖水域和100多处历史文化古迹，是全国唯一的整岛风景名胜保护区，拥有长三角经济圈中极为稀缺的生态环境和自然人文资源。

---

① 本部分案例内容均来自自然资源部办公厅公布的每一批、第二批、第三批《生态产品价值实现典型案例》，并对相关内容进行了选编，仅保留了与生态农产品价值实现有关的部分。

近年来，金庭镇坚持生态优先、绿色发展的理念，按照"环太湖生态文旅带"的全域定位，依托丰富的自然资源资产和深厚的历史文化底蕴，积极实施生态环境综合整治，推动传统农业产业转型升级为绿色发展的生态产业，打造"生态农文旅"模式，实现了经济价值、社会价值、生态价值、历史价值、文化价值的全面提升。

金庭镇依托特殊的地理区位、丰富的自然资源和深厚的历史文化底蕴，建立"生态农文旅"融合发展模式，推动生态产业化经营。打造农业发展新模式，促进"特色农品变优质商品"。重点围绕洞庭山碧螺春、青种枇杷、水晶石榴等特色农产品，打造金庭镇特色"农品名片"，将传统历史文化内涵融入特色农产品的宣传销售，增加产品附加值；通过"互联网+农产品"销售模式，拓展"特色农品变优质商品"的转化渠道；与顺丰快递签订战略协议，在各个村主要路口设置快递站点，提高鲜果产品运输效率。挖掘"农文旅"产业链，实现"农业劳动变体验活动"。挖掘明月湾、东村2个中国历史文化名村及堂里、植里等6个传统历史村落的文化底蕴，鼓励村民在传统村落中以自有宅基地和果园、茶园、鱼塘等生态载体发展特色民宿、家庭采摘园等，从传统餐饮住宿向农业文化体验活动拓展，形成"吃采看游住购"全产业链。提升生态文化内涵，助推"绿色平台变生态品牌"。积极宣传"消夏渔歌""十番锣鼓"等非物质文化遗产的传承保护，推进全域生态文化旅游，形成了丽舍、香樟小院等一批精品民宿品牌，通过游客的"进入式消费"实现生态产品的增值溢价。

金庭镇通过发展"生态农文旅"融合发展模式，打通了经营性生态产品价值实现的渠道，实现了物质供给类和文化服务类生态产品的价值。"特色农品变文化商品"方面，2019年全镇农产品销售收入达到4.85亿元，创历史新高，其中果品收入2.71亿元，水产收入0.21亿元，茶叶收入1.93亿元；"太湖绿"大米及"西山青种"枇杷等已成为网红品牌产品。"农业劳动变体验活动"方面，2019年全镇吸引旅游人数421.06万人次，农家乐、民宿营业收入达到2亿元，近三年营业收入年平均增长35%，新增民宿104家，改造民宿103家，精品民宿增加至37家，直接带动了1600余人就业。"绿色平台变生态品牌"方面，随着"生态农文旅"融合发展模式的建立，港中旅、亚视、南峰等投资集团纷至沓来，2017年"阿里巴巴太极禅苑文化驿栈"正式落户金庭镇，2020年美国汉舍集团投资的"汉舍"项目全面启动，"自然、绿色、生态"成为金庭镇最响亮的名片。

二、宁夏回族自治区银川市贺兰县"稻渔空间"一二三产融合促进生态产品价值实现案例

宁夏回族自治区银川市贺兰县"稻渔空间"一二三产融合促进生态产品价值实现案例素材，来自自然资源部办公厅印发的第三批《生态产品价值实现典型案例》。

宁夏回族自治区贺兰县四十里店村位于银川市主城区北部，是引黄灌区和水稻传统种植区。由于农业基础设施薄弱、土地盐渍化严重、传统农作方式效率较低等局限，四十里店村长期面临水稻产量低、农副产品品质低、人均收入低的困境。

2012年以来，在上级党委、政府的引导和支持下，四十里店村联合当地农业龙头企业，采取土地整治、以渔治碱、循环种养、统防统治等措施，改良盐渍化土壤，改善村内基础设施，提高自然生态系统质量和生态产品供给能力，因地制宜开发了集农业种植、渔业养殖、产品初加工、生态旅游于一体的"稻渔空间"生态农工旅项目，完成了从传统种植到稻、鱼、蟹、鸭立体种养，再到一二三产融合发展的转型升级，获得了耕地保护、生态改善、产业提质、农民增收等多重效益。2020年6月，习近平总书记在宁夏考察时，对"稻渔空间"模式发展现代特色农业和文化旅游业进行了调研，强调必须突出农民主体地位，探索建立更加有效、更加长效的利益联结机制，确保群众持续获益。

具体做法方面，一是土地整治，加强耕地保护。通过土地流转和建设农田基础设施，将原本小块地连接整治为平坦的大块地，提升稻田灌溉能力和机械化作业水平；通过挖沟降水、抬土造田、稻田养鱼等措施，改善土壤盐渍化程度，将水产养殖的塘泥返回稻田用于培肥；通过土地整治，增加耕地面积，提高耕地质量，形成稳定的农田生态系统，对耕地数量、质量和生态实行"三位

一体"保护，为保护四十里店村自然生态，提高水稻等农田生态产品产量和品质奠定了基础。

二是立体种养，增加生态产品。改变传统的水稻种植方式，创新开展稻、蟹、鱼、鸭立体种养，在确保耕地保护和资源节约集约利用的前提下，建设高密度鱼池、高标准稻田、深水环沟等新型农业设施，并采用"循环水养鱼+稻渔共作"技术，让农业用水在"鱼池—环沟—稻田"中闭合循环，将养鱼产生的富营养水用于水稻种植，经稻田净化后的水再用于养殖鱼、蟹、小龙虾等，通过养蟹除草、以渔治碱、养鸭治虫等措施改善稻田生态环境，形成一田多用、一水多用的"1+X"稻渔种养模式，在提高水资源利用效率、重塑农田生态系统的同时，增加大米、稻田鱼、稻田蟹、稻田鸭等生态产品的产出。2020年，种植区内的稻渔综合种养（水稻、蟹、泥鳅、龙虾、鸭）亩均净收益达到3000元，是普通水稻种植的2倍多。

三是"三产"融合，促进价值转化。提升"一产"，通过多种模式对比实验，精选优质水稻品种进行立体种养，减少化肥、农药施用，实现农作物秸秆、农业用水、饵料等循环利用，大幅提升了大米等农产品的品质；创新渔业养殖方式，利用集污设备过滤鱼蟹等养殖尾水并通过地下管道流回稻田，经过稻田净化氮、磷后的水体再次回到养鱼车间和池塘，减少养殖用水的更新频次和农业尾水污染。做优"二产"，由龙头企业为农户提供粮食代收、代储、代烘、代加、代销"五代"服务，解决农户储粮难、卖粮难、稻谷销售优质不优价等问题；做深水稻加工产业，开发糙米、米汁、米醋、锅巴等特色产品，提升产品附加值。拓展"三产"，以稻渔共养区为基础，重点开发富有生态田园特色的生态旅游产品，建成稻田画观赏区、生态渔业养殖区、大米加工展示区、绿色果蔬采摘区等主题功能区，配套完善景观塔、玻璃栈道、科普教育长廊、儿童乐园等设施；同时开展"跨业融合"，购买景区门票赠送同等价值的稻田米，将区域内农产品打造成旅游产品进行销售，增加农产品的附加值，打造集休闲、科普、体验、创意为一体的"生态农工旅"聚集区。

四是创新机制，联农带农增收。实行"公司+合作社+基地+农户+服务"的产业经营模式，建立市场主体与村集体、农户的利益联结机制，既保证企业健康快速发展，又促进村集体和农户持续收益。一方面探索"抱团经营"，由龙头公司牵头成立优质水稻产业发展联合体，吸纳粮食收储、加工销售、农机作业、农资供应等23家企业（合作社）共同发展，联合体内部开展互助合作，并为其他农户提供技术指导、农资供应、收储加工等服务，促进企业和农户节本增效；另一方面创新"联农机制"，由四十里店村、龙头公司联合成立合作社，吸引213户农户以土地承包经营权入股，发展稻渔立体种养，合作社按照800元/（亩·年）给予保底收益，并利用景区门票收入等进行二次分红，带动农户持续增收。

主要成效方面，一是自然生态系统得到有效保护。通过稻渔立体种养，重塑了农田生态系统，优化了水稻种植、加工和养殖产业布局，实现了水产模块、农作物模块、畜禽的生态综合利用，形成了良性循环、相互促进的自然生态复合系统。通过养殖尾水、农田用水的循环利用，农田种植和养殖的亩均用水减少了1/3，大幅提高了水资源的使用效益。同时，通过稻渔立体种养和综合利用模式，项目区完成了2600亩盐渍化土地的改良，比普通稻田种植减少了20%的化肥和农药使用量，有效保护了当地自然生态系统，提升了生态产品的供给能力。

二是生态产品经济效益明显。通过"一产提质、二产带动、三产增效"，逐步形成了立体种养、粮食加工、电商销售、生态旅游、社会化服务等多种产业形态，一二三产业之间相互渗透、融合发展，农业功能不断拓展，产业集聚效益提升，实现了"1+1+1＞3"的发展效应，促进了生态价值的转化。四十里店村每年生产优质水稻3000吨、稻田蟹2万斤、稻田鸭2000只、稻田鱼15万斤、稻田小龙虾6000斤、稻田泥鳅8000斤左右，结合产品销售和深加工，项目区每年收入在1千万元以上。同时，生态旅游产品的开发也吸引了大量游客，仅2020年项目区就接待游客20万人次；依托每年春秋两季的绿色生态观光游活动、丰富多彩的旅游项目和绿色农产品的销售，项目区日均旅游收入达上万元，实现了生态产品的增值溢价。

三是促进农民就业增收。通过"联农机制"，盘活了农民土地资产，增加了农民财产性收入，2020年项目区土地承包经营权入股农户达到185户，面积达到2002.67亩，农民每年可获得保底收益800元/亩、二次分红50元，户均增收9200元左右。一二三产业融合发展，解决了四十里店村及周边的农民就业问题,仅"稻渔空间"项目就聘用村民108名,人均务工收入达到了2.8万元/年,四十里店村村集体经济增收58.62万元/年,基本实现了村民就近就业、增收致富及村集体经济内生发展,走出了一条生态保护、经济发展和乡村振兴的共赢之路。

三、吉林省抚松县发展生态产业推动生态产品价值实现案例

吉林省抚松县发展生态产业推动生态产品价值实现案例素材,来自自然资源部办公厅印发的第三批《生态产品价值实现典型案例》。

抚松县位于吉林省东南部、长白山西北麓,是松花江源头和全国重要的林业基地,拥有10万公顷长白山国家级自然保护区,森林覆盖率达到87.6%,自然资源丰富,生态环境良好,"21(摄氏)度的夏天""森林城市""冰雪运动天堂"等是其独特的生态产品名片。

作为国家重点生态功能区,抚松县6159平方千米的面积中,有94.1%的面积属于禁止开发区域和限制开发区域。面对保障国家生态安全和促进区域经济发展两大任务,抚松县一手抓生态环境保护,做大做优"绿水青山",提升优质生态产品供给能力;一手抓生态产业发展,因地制宜地发展了矿泉水、人参、旅游三大绿色产业,促进生态产品价值实现和效益提升,不断把"绿水青山"和"冰天雪地"转化为"金山银山",走出了一条独具长白山区特色的生态优先、绿色发展之路。

抚松县拥有1500多年的野山参采挖历史和450多年的人参人工栽培历史,在发挥人参品牌效应的同时,抚松县着重在"创新、标准、延伸、平台"四个方面进行突破,推动生态产品价值实现。创新人参种植方式,锁住绿色生态。为解决传统的伐林栽参方式破坏生态平衡的问题,抚松县按照"控制伐林栽参、推广非林地栽参和引导向林下参种植"的思路,形成了《抚松林下山参标准》等系列科技成果,破解了非林地栽参等技术难题,实现了人参产业绿色转型。目前,全县非林地栽参面积占人参种植总面积的93.88%,林下参留存面积达到1.87万公顷。推动标准化生产,提升产品质量。抚松县制定了《"抚松人参"加工技术规程》等12项"抚松人参"标准,实现人参生产、加工、仓储、

流通等各环节标准化管理；开展抚松"数字人参"可追溯体系和人参准化示范区建设，全面推广物联网监控和农药、化肥减施技术，全县人参标准化种植面积达到总种植面积的85%以上，人参100%优质安全用药。延伸产业链条，打造精品品牌。市场产品方面，开发了人参饮品、保健品、化妆品、药品及食品五大系列500余种精深加工产品，形成了完整的产业链条；市场品牌方面，全县拥有"抚松人参""抚松林下山参"2个国家地理标志证明商标、"和善堂"等18个吉林省著名商标、人参米等3个吉林省名牌产品，初步形成了产业集约化、品牌化发展格局。创建交易平台，形成规模效益。建设并培育了全国最大、功能最全的万良长白山人参交易市场，覆盖鲜参、干参、人参生产资料、参籽、人参拍卖和仓储物流等交易，形成了全国人参及相关产品的交易、结算、物流、仓储集散中心，不仅降低了参农投资成本，还带动了相关产业的发展。

依托林海、矿泉、温泉、粉雪等自然禀赋，做大做强生态旅游产业，将"看不见摸不着"的优质生态资源转变为"看得见摸得着"的真金白银。围绕消夏避暑主题，积极开发特色旅游。建立"景区带动＋资源驱动＋融合拉动"的"三动"叠加模式，开发了森林生态游、乡村休闲游、健康养生游等系列产品，以及长白山之路、松花江之路、人参之路三大主题旅游线路，形成了名胜、名城、名镇、名品"四名一体"的特色旅游格局。依托火山温泉资源，丰富冰雪文化旅游内涵。结合独特的火山温泉资源和冰雪资源，以"冰雪体育、冰雪娱乐、冰雪文化"为主题，开发了氡泉康养、森林戏雪、长白山赏雪等系列旅游产品，形成了"观天池、戏冰雪、赏雾凇、泡温泉"的冰雪旅游路线和产业集群。扩大长白山名山效应，打造国际旅游名城。整合全县旅游资源，依托长白山的名山效应，引导社会资本积极参与旅游产业发展和项目建设，逐步形成了长白山休闲度假、冰雪旅游及运动、温泉康养和乡村民俗等高中低端互补的四大旅游模块，实现"绿色变真金，白雪换白银"。

主要成效方面，通过生态产业化和产业生态化，构建了以旅游为主的服务业、以人参为主的医药健康业和以矿泉饮品为主的绿色食品业，2020年三大产业产值占全县生产总值的73%，畅通了生态产品价值实现渠道。矿泉水产业方面，截至2021年10月，全县矿泉饮品产量、产值和上缴税收分别为94.7万吨、8.3亿元和1.5亿元，同比分别增长27.8%、80.2%和89%，泉阳泉荣获

"中国驰名商标"。人参产业方面,全县"十三五"期间累计交易鲜参24.9万吨,交易额达260.2亿元,销量占全国的80%以上;全县人参种植业产值达到53.65亿元,加工业产值达到248亿元。旅游产业方面,抚松长白山国际旅游区成为国家冰雪运动训练基地,"十三五"期间共接待游客400多万人次,实现收入99.5亿元,抚松县被评为全国避暑旅游十佳城市之一。

四、广东省南澳县"生态立岛"促进生态产品价值实现案例

广东省南澳县"生态立岛"促进生态产品价值实现案例素材,来自自然资源部办公厅印发的第三批《生态产品价值实现典型案例》。

汕头市南澳县是广东省唯一的海岛县,地处闽、粤、台三地交界海域,由南澳岛及周边多个岛屿组成,拥有大小海湾66处,海岛总面积114.7平方千米(其中南澳岛111.7平方千米),海域总面积4600平方千米,拥有青澳湾国家级海洋公园、海岛国家森林公园、南澎列岛国家级自然保护区等,自然资源丰富,生态功能突出。

近年来,南澳县坚持"生态立岛、旅游旺岛、海洋强岛"战略,依托丰富的海域海岛自然资源和深厚的历史文化底蕴,大力推进"蓝色海湾"等系列海岛保护修复、近零碳排放城镇试点、海岛生态文体旅产业建设,让优良的海洋资源和生态环境成为当地群众的"幸福不动产"和"绿色提款机",提升了海洋生态产品的生产能力,促进了当地发展和群众增收,走出了一条"绿水青山""蓝天碧海"向"金山银山"有效转化的绿色发展道路。

具体做法方面,发展生态养殖业,创新海洋养殖技术,扩大以藻类为主的海洋产品种养殖规模;在大型养殖场推广龙须菜和牡蛎"间插式"养殖的贝、藻混合生态养殖模式;实施森林抚育、省级森林碳汇造林、生态景观林带等项目,拥有省级以上生态公益林8.21万亩。

充分利用"阳光、沙滩、海水"等优质生态产品,以及"山、海、史、庙、岛"特色资源和独特文化,丰富旅游业态,延伸产业链条,推动全域旅游发展,促进生态价值转化。推动"旅游+文化",开发"一部手机游南澳"小程序,深入挖掘南澳岛海防军事文化资源,盘活"南澳Ⅰ号"陈列馆、渔民公

馆、总兵府、抗日纪念馆等海商、海防、红色文化，形成多条南澳岛特色旅游线路。推动"旅游＋体育"，以建设旅游体育示范岛为契机，举办 2019 年亚洲冲浪暨全国冲浪锦标赛等 20 项体育活动，吸引了来自世界各国及国内各地 1800 多名专业运动员、教练员参赛，带动 40 多万人次进岛观看比赛和旅游，带旺海岛旅游淡季。推动"旅游＋乡村"，促进农业发展模式转变和产业融合，将传统农家乐、渔家乐、家庭农场等转型升级为休闲农业基地；实施品牌渔农业战略，加快构建渔农副产品线上线下融合、产地市场对接的销售网络；发展海岛森林康养、森林旅游等新兴产业，畅通生态产品转化渠道。

主要成效方面，建成了后宅、深澳生态养殖示范区，塑造了"南澳紫菜"等国家地理标志产品，以及南澳牡蛎、后花园宋茶等农产品区域公用品牌，带动南澳岛特色产业质效齐升。以"生态文体旅"模式带动全域旅游，"南澳游"品牌影响力持续扩大，连续 6 年荣获"广东省旅游综合竞争力十强县（市）"称号，打通了生态产品价值实现的渠道。南澳县第一产业、三产业从业人员数量逐步增加，2020 年一二三产业的结构进一步优化为 36.8∶16.0∶47.2，促进了产业的绿色转型和结构升级。

第四章
生态农产品生产经营现状与意愿分析

研究生态农产品价值实现机制，需深入分析其生产经营现状与意愿。现状包括我国生态农产品生产经营的整体情状和地区差异。意愿研究的对象则为影响生态农产品生产意愿的主要因素。通过对现状与意愿的分析，可以揭示生态农产品价值实现的关键因素和潜在机制，为后续有针对性的具体研究提供思路借鉴。

第一节 我国生态农产品生产经营的整体现状

生态农业强调建立以生态平衡为基础的可持续农业模式，旨在最小化对环境的负面影响，同时提供高质量和健康的农产品。而农药会对生态平衡和生物多样性产生负面影响，甚至对人类健康造成潜在危害。生态农业倡导使用自然的生态过程来管理病虫害，例如生物防治、轮作和种植多样化等，以减少对化学农药的依赖。此外，化肥的使用量也与生态农产品的生产紧密相关。过度使用化肥可能导致土壤中的养分失衡，削弱土壤的生物活性，甚至造成土壤酸化等问题；过度使用化肥还会使养分流失到水体中，引发水体富营养化，导致藻类暴发和水体生态系统崩溃。此外化肥还可能导致农产品中的化学残留物增加，从而影响食品安全。基于此，本书以单位农药使用量以及单位化肥使用量的主要农作物产量为指标，总体分析我国生态农产品的整体发展现状。

表 4-1 为全球主要国家 2021 年农药使用量分布表。本书选择农业较为发达的澳大利亚、加拿大、英国、美国、法国、德国、新西兰、日本、以色列，以及全球的数据，与我国数据进行比较。从表中可知，美国农药使用量最高，达到 45.73 万吨，占全球使用量的 12.94%。从农药使用强度来看，我国每公顷农药使用量为 1.90 千克，低于全球平均水平，也低于其他农业发达国家，为农业使用强度较低的国家，表明我国高度重视生态农业和生态农产品。相对而言，以色列每公顷农药使用量为 14.56 千克，处于农药使用强度较高水平。

每年的政府工作报告是政府向社会公众传达政策意图和发展方向的重要工具，分析其中的内容重点和态度，可以揭示政府特别重视哪些方面并致力于推动其发展。为此，本书还分析了 2000 年以来的政府工作报告，提取与环保、生态、农业有关的关键词,这在一定程度上反映了中央政府对生态农业、生态农产品的重视。本书还对2000年以来的国务院政府工作报告使用Python进行正则表达式处理,匹配"环保""环境保护""绿色""生态""污染治理""污染防治""节能""低碳""循环经济""生物多样性"等与生态环保相关的关键词,并汇总统计。

表4-1 全球主要国家2021年农药使用量

国家	耕地面积/千公顷	农药使用量/吨	每公顷农药使用量/千克
中国	128 652	244 820	1.90
澳大利亚	31 650	63 416	2.00
加拿大	38 431	92 960	2.42
英国	6055	14 728	2.43
美国	160 436	457 385	2.85
法国	18 970	69 602	3.67
德国	11 860	49 071	4.14
新西兰	690	5285	7.66
日本	4349	48 889	11.24
以色列	479	6983	14.58
全球	1 579 878	3 535 374	2.24

数据来源:由联合国粮食及农业组织(FAO)数据整理而来;因化肥使用量数据缺失而未做分析。

图4-1为国务院政府工作报告生态环保相关词汇数量趋势图。从图中可知,自2007年以来,政府工作报告中涉及生态环保相关词汇数量整体上处于较高水平。较为例外的是2020年,受疫情影响,该年政府工作报告对生态环保提及较少。这表明我国政府高度重视生态文明建设,将有助于生态农业、生态农产品的发展。

图4-2为2000年以来我国每公顷耕地农药使用量(千克)趋势图。从图中可知,2013年我国农药施用强度最高,每公顷农药使用量达到2.88千克,到2021年降到1.90千克,较最高值降低了34%,表明自2014年以来我国农作物

生产的生态化转型较为明显。

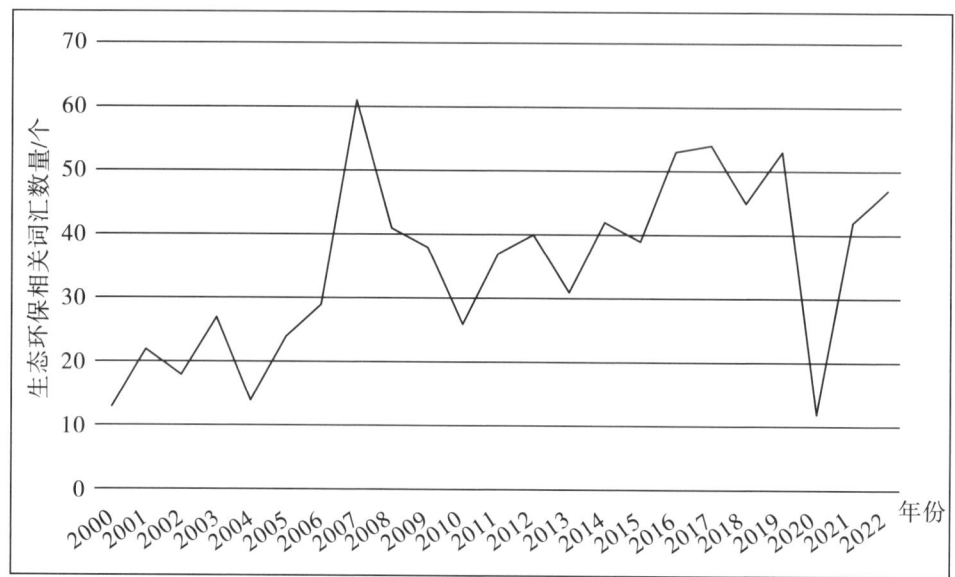

图 4-1　国务院政府工作报告生态环保相关词汇数量趋势图

数据来源：由正则表达式整理而来。

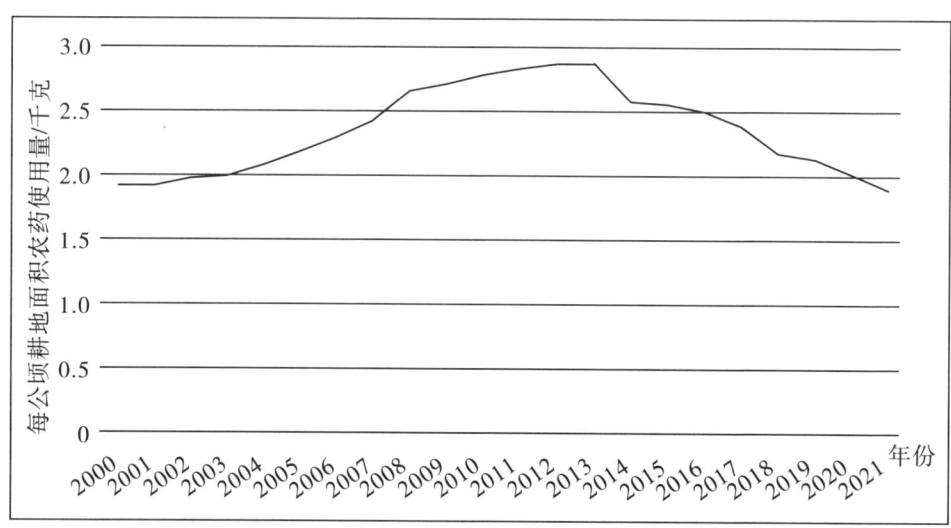

图 4-2　我国每公顷耕地农药使用量（千克）趋势图

资料来源：农药使用量数据来自联合国粮食及农业组织（FAO），耕地面积数据来自国家统计局。

图 4-3 为 2000 年以来我国每公顷耕地化肥使用量（千克）趋势图。从图中可知，2013 年我国化肥施用强度最高，每公顷耕地化肥使用量达到 485.71 千克，到 2021 年降到 403.51 千克，较最高值降低了 16.92%。相对于农药施用强度的降低幅度，化肥施用强度的降低幅度较小。

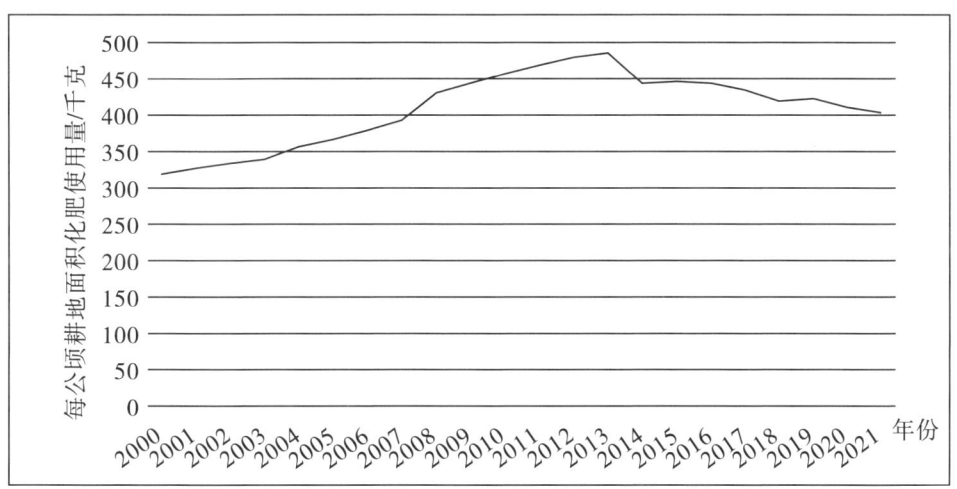

图 4-3　我国每公顷耕地化肥使用量（千克）趋势图

资料来源：化肥使用量数据和耕地面积数据均来自国家统计局。

第二节　省级层面生态农产品生产经营现状

考虑到生态农产品的正外部性，政府推动对生态农业发展起着重要作用（Scherr and McNeely, 2008）。我国不同地区资源禀赋有所不同，地方政府的工作重点亦有所不同。本书进一步利用省级政府工作报告，通过 Python 文本分析，挖掘不同省份对生态农业方面的重视程度。图 4-4 为 2022 年省级政府工作报告生态农业用词数量分布图。本书收集 2022 年各省、直辖市和自治区（港澳台地区除外）的政府工作报告，通过正则表达式匹配"绿色""生态+农业""生态+农产品"，得出生态农业用词数量。

从表中可知，云南、广西、黑龙江在 2022 年提及生态农业的次数达到 4 次，山西和湖北提及生态农业的次数为 3 次，处于领先水平，表明以上省区地

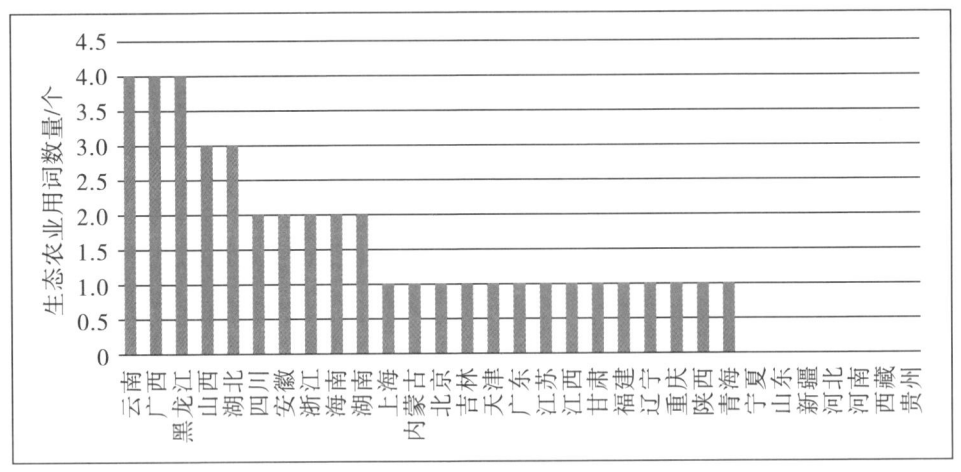

图 4-4 2022 年省级政府工作报告生态农业用词数量分布图

数据来源：通过正则表达式整理而来。

方政府对生态农业、生态农产品发展较为重视。

绿色食品是生态农产品的重要组成部分。根据《绿色食品标志管理办法》中对绿色食品的定义，绿色食品是指产自优良生态环境、按照绿色食品标准生产、实行全程质量控制并获得绿色食品标志使用权的安全、优质食用农产品及相关产品。绿色食品标志是经国家工商行政管理局注册的质量证明商标，用以标识、证明无污染的安全、优质、营养类食品及与此类食品相关的事物。我国农业部于 1993 年 1 月颁布了《绿色食品标志管理办法》，并于 2012 年进行了修订。中国绿色食品发展中心负责全国绿色食品标志使用申请的审查、颁证和颁证后的跟踪检查工作。省级人民政府农业行政主管部门所属绿色食品工作机构（以下简称省级工作机构）负责本行政区域内绿色食品标志使用申请的受理、初审和颁证后的跟踪检查工作。

根据《绿色食品标志管理办法》的要求，申请使用绿色食品标志的产品，应当符合《中华人民共和国食品安全法》和《中华人民共和国农产品质量安全法》等法律法规规定，在国家工商总局商标局核定的产品范围内，并具备下列条件：（1）产品或产品原料产地环境符合绿色食品产地环境质量标准；（2）农药、肥料、饲料、兽药等投入品使用符合绿色食品投入品使用准则；（3）产品质量符合绿色食品产品质量标准；（4）包装贮运符合绿色食品包装贮运标准。

从上述要求可知，一个地区的绿色食品标志数量一定程度上可反映出该地区生态农产品的供给和价值转化水平。

表4-2为2021年各省级行政区（港澳台地区除外）现有绿色食品标志数量的分布情况。绿色食品认证数量排名前五的省份分别为江苏、安徽、山东、浙江和黑龙江。但考虑到各地区农业发展的总量情况，我们设置了绿色食品认证强度变量，计算方式为用绿色食品认证数量除以第一产业增加值。从绿色食品认证强度看，排名前五位的地区分别为上海、北京、青海、浙江和甘肃。其中上海市的绿色食品认证强度显著高于其他地区，达到每亿元第一产业增加值即有7.39项绿色食品认证，远高于全国平均水平0.25项。而陕西、广西、广东、贵州和海南的绿色食品认证强度较弱。上述数据在一定程度上反映了我国绿色食品标志数量分布存在着较为显著的地区差异。部分农业总量较为发达的地区，如山东、河南、四川等有着较大的生态农产品发展潜力。

表4-2 2021年我国各地区生绿色食品认证数量

地区	绿色食品认证数量	第一产业增加值/亿元	绿色食品认证强度
上海	710	96.1	7.39
北京	124	111.4	1.11
青海	300	353.6	0.85
浙江	1407	2211.7	0.64
甘肃	817	1364.8	0.60
重庆	1122	1921.9	0.58
江苏	2575	4721.0	0.55
安徽	1438	3363.9	0.43
宁夏	137	364.6	0.38
黑龙江	1165	3463.4	0.34
西藏	54	164.1	0.33
云南	1028	3831.3	0.27
吉林	425	1553.8	0.27

续上表

地区	绿色食品认证数量	第一产业增加值/亿元	绿色食品认证强度
山西	351	1286.9	0.27
湖南	1142	4323.0	0.26
湖北	1109	4635.2	0.24
天津	61	265.9	0.23
山东	1414	6029.0	0.23
江西	499	2334.1	0.21
内蒙古	480	2353.9	0.20
辽宁	472	2461.9	0.19
福建	521	2899.9	0.18
新疆	342	2359.1	0.14
河北	553	4030.4	0.14
河南	768	5626.9	0.14
四川	696	5662.0	0.12
陕西	294	2409.9	0.12
广西	419	4051.3	0.10
广东	390	4984.7	0.08
贵州	142	2730.9	0.05
海南	23	1254.4	0.02
合计	20 978	83 221.0	0.25

数据来源：国家统计局、企研大数据。

考虑到集约化生产效率远高于传统生产模式，生态农产品产出的推进，将更多地依赖于市场主体，特别是生产组织，如企业和合作社。农业农村部办公厅（2022）在推进生态农场建设的指导意见中指出：培育一批生态农业市场主体。组织龙头企业、合作社、家庭农场等自愿申报，通过专家评估、现场评审等方式进行综合评价，遴选一批生态农业市场主体。引导入选主体发挥自身优势,全程推广应用标准化生态农业技术,提高产地环境质量,推行绿色低碳循环生产,打造绿色生态品牌,使其成为落实农业生产"三品一标"的排头兵、推进生态农业建设的领头羊、加快农业发展绿色转型的典型样板。

农村合作社是我国农业生产的一种重要生产组织形式,在先进农业技术跨区域扩散过程中发挥着重要作用(李凌汉,2021)。农村合作社的优势和作用不仅体现在它契合农业产业化、农村市场化和农民组织化的发展需求,还在于其可以有效解决农业发展中面临的农村小户生产与市场规模间的供需矛盾,农村合作社解放了农村生产力,是增加农民经济收入的途径(李丽荣,2020)。在我国推进生态农产品价值转化的过程中,农村合作社的上述优势可更好地发挥出来,推动绿色生产技术、生态农业实现产业化和规模化,可降低生态农产品生产成本,提高生态农产品的市场竞争力,进而有效推动生态农产品的价值实现。为此,考察我国绿色合作社的发展分布有着重要的理论和现实意义。

表4-3以2021年为例,描述了我国省级行政区(港澳台地区除外)生态农产品生产组织分布现状。从表中可知,我国2021年第一产业增加值为83 221亿元,第一产业增加值最高的五个省份分别为山东、四川、河南、广东和江苏。对于绿色合作社数量而言,排名前五位的分别为山东、河南、湖南、湖北和安徽。相对于第一产业增加值,广东和四川的绿色合作社数量偏少。特别是广东仅有3236家绿色合作社,与其第一产业增加值4984.7亿元的地位明显不匹配。考虑到各地区第一产业规模差异,本书还设置了绿色合作社数量强度指标,计算方法为用绿色合作社数量除以第一产业增加值。从绿色合作社数量强度指标看,上海、青海、西藏、甘肃、山西排名前五位。值得注意的是,绿色食品认证强度排名前五的地区,与绿色合作社数量强度排名前五地区中均有上海和山西,这一定程度上反映了绿色合作社较好地支撑了当地生态农产品的生产与销售。

表4-3 2021年我国各地区生态农产品生产组织数量分布

地区	绿色合作社存量	第一产业增加值/亿元	绿色合作社数量强度
上海	963	96.1	10.02
青海	3542	353.6	10.02
西藏	1294	164.1	7.89

续上表

地区	绿色合作社存量	第一产业增加值/亿元	绿色合作社数量强度
甘肃	7910	1364.8	5.80
山西	6325	1286.9	4.91
陕西	8827	2409.9	3.66
天津	969	265.9	3.64
北京	400	111.4	3.59
宁夏	1309	364.6	3.59
江西	8361	2334.1	3.58
安徽	11 043	3363.9	3.28
湖南	13 282	4323.0	3.07
山东	17 516	6029.0	2.91
贵州	7692	2730.9	2.82
湖北	12 945	4635.2	2.79
福建	6410	2899.9	2.21
河南	11 995	5626.9	2.13
新疆	4858	2359.1	2.06
四川	8778	5662.0	1.55
吉林	2301	1553.8	1.48
广西	5234	4051.3	1.29
重庆	2410	1921.9	1.25
内蒙古	2648	2353.9	1.12
云南	3878	3831.3	1.01
浙江	2020	2211.7	0.91
辽宁	2236	2461.9	0.91
江苏	3788	4721.0	0.80
海南	1006	1254.4	0.80

续上表

地区	绿色合作社存量	第一产业增加值/亿元	绿色合作社数量强度
广东	3236	4984.7	0.65
河北	2612	4030.4	0.65
黑龙江	1336	3463.4	0.39
合计	167 124	83 221.0	2.01

数据来源：由国家统计局、企研大数据整理而来。

金融在发展生态农产品方面具有重要性，金融可在投融资支持、风险管理、绿色产品开发、创新研发和产业链支持等方面对生态农产品的发展产生影响。基于此，本书进一步考察农村金融机构的现状，了解金融对生态农产品生产销售的支撑程度，为农村绿色金融的发展提供借鉴。表4-4为2021年我国各地区（港澳台地区除外）农村金融机构营业网点数量分布情况。考虑到各地区第一产业规模差异，本书设置了小型和新型农村金融机构营业网点数量强度指标，计算方法为用小型和新型农村金融机构营业网点数量除以第一产业增加值。其中，新型农村金融机构是降低准入门槛设立的村镇银行、贷款公司和资金互助社等三类银行性金融机构。从表中可知，北京、上海、山西、天津和浙江的小型和新型农村金融机构营业网点数量强度排名前五位，而福建、云南、黑龙江、新疆和湖北的营业网点数量强度相对落后。值得注意的是，小型和新型农村金融机构营业网点数量强度排名前五位的地区，与绿色食品认证强度排名前五的地区中均有上海、北京、山西，有着较高的重叠性，表明农村金融发展有助于推动所在地区生态农产品的生产销售。

表4-4 2021年我国各地区农村金融机构营业网点数量分布

地区	第一产业增加值/亿元	新型农村金融机构营业网点数量	小型农村金融机构营业网点数量	小型和新型农村金融机构营业网点合计数量	小型和新型农村金融机构营业网点数量强度
北京	111.4	43	631	674	6.05
上海	96.1	154	359	513	5.34

续上表

地区	第一产业增加值/亿元	新型农村金融机构营业网点数量	小型农村金融机构营业网点数量	小型和新型农村金融机构营业网点合计数量	小型和新型农村金融机构营业网点数量强度
山西	1286.9	135	2891	3026	2.35
天津	265.9	96	503	599	2.25
浙江	2211.7	361	4085	4446	2.01
甘肃	1364.8	89	2131	2220	1.63
宁夏	364.6	146	381	527	1.45
吉林	1553.8	311	1699	2010	1.29
河北	4030.4	329	4825	5154	1.28
陕西	2409.9	44	2854	2898	1.20
广东	4984.7	247	5548	5795	1.16
重庆	1921.9	385	1758	2143	1.12
四川	5662.0	304	5775	6079	1.07
河南	5626.9	933	5068	6001	1.07
青海	353.6	9	364	373	1.05
江西	2334.1	174	2280	2454	1.05
安徽	3363.9	363	3062	3425	1.02
内蒙古	2353.9	176	2178	2354	1.00
湖南	4323.0	182	3956	4138	0.96
山东	6029.0	634	4985	5619	0.93
贵州	2730.9	177	2295	2472	0.91
辽宁	2461.9	212	2011	2223	0.90
江苏	4721.0	345	3382	3727	0.79
广西	4051.3	681	2339	3020	0.75
福建	2899.9	111	1929	2040	0.70

续上表

地区	第一产业增加值/亿元	新型农村金融机构营业网点数量	小型农村金融机构营业网点数量	小型和新型农村金融机构营业网点合计数量	小型和新型农村金融机构营业网点数量强度
云南	3831.3	399	2197	2596	0.68
黑龙江	3463.4	96	1861	1957	0.57
新疆	2359.1	132	1145	1277	0.54
湖北	4635.2	216	2095	2311	0.50
合计	81 802.5	7484	74 587	82 071	1.00

数据来源：由国家统计局数据整理而来，缺失海南和西藏数据。

从业人数在发展生态农产品方面至关重要。他们不仅为生态农业提供了必要的劳动力，还推动了农业技术的传承与创新。从农田到市场，从业人员的参与促进了生态农产品的全程生产和流通，创造了就业机会，提升了地方经济，传递了对环保和健康的关切，同时也确保了对土壤质量和生态平衡的保护，为农业的可持续发展奠定了坚实基础。为此，本部分根据各地区乡村就业人数，分析生态农产品发展的人力资本支撑情况。表4-5为2021年各地区（港澳台地区除外）乡村就业人数分布情况。考虑到各地区第一产业规模差异，本书设置了乡村就业人数强度指标，计算方法为用乡村就业人数除以第一产业增加值。

表4-5 2021年各地区乡村就业人数分布情况

地区	第一产业增加值/亿元	乡村就业人数/万人	乡村就业人数强度
上海	96.1	170	1.77
北京	111.4	145	1.30
西藏	164.1	118	0.72
山西	1286.9	701	0.54
甘肃	1364.8	693	0.51
浙江	2211.7	1093	0.49
安徽	3363.9	1399	0.42
天津	265.9	107	0.40

续上表

地区	第一产业增加值/亿元	乡村就业人数/万人	乡村就业人数强度
江西	2334.1	925	0.40
四川	5662.0	2205	0.39
河南	5626.9	2213	0.39
云南	3831.3	1465	0.38
河北	4030.4	1510	0.37
陕西	2409.9	838	0.35
山东	6029.0	2089	0.35
宁夏	364.6	120	0.33
吉林	1553.8	510	0.33
贵州	2730.9	891	0.33
广东	4984.7	1599	0.32
湖南	4323.0	1361	0.31
重庆	1921.9	560	0.29
青海	353.6	104	0.29
辽宁	2461.9	707	0.29
江苏	4721.0	1348	0.29
湖北	4635.2	1367	0.29
广西	4051.3	1185	0.29
新疆	2359.1	586	0.25
福建	2899.9	694	0.24
内蒙古	2353.9	428	0.18
海南	1254.4	220	0.18
黑龙江	3463.4	528	0.15
合计	83 221.0	27 879	0.33

数据来源：由国家统计局数据整理而来。

从表中可知，河南、四川、山东、广东和湖北农村从业人数整体规模排名前五，具有较为丰富的人力资本。但从乡村就业人数强度看，排名前五的分别为上海、北京、西藏、山西和甘肃，表明其具有较高的人力资本投入产出率。而广西、新疆、福建、内蒙古、海南和黑龙江的人力资本投入产出率相对落后，具有较大的人力资本支撑生态农业发展空间。

此外，地区乡村就业人数强度排名前五的地区，与绿色食品认证强度排名前五的地区中均有上海、北京和山西，说明乡村就业人数强度有效地支撑了所在地区生态农产品的生产与销售。

第三节　生态农产品生产意愿影响因素分析

生态农产品的生产和价值转化，同时具有商业价值和社会价值，一方面其为消费者提供健康安全的农产品；另一方面，生态农产品的生产会对生态环境产生积极的影响。生态农产品生产通过减少化学物质的使用、保护生物多样性、减少资源消耗等方式，为环境保护做出了积极的贡献，有助于维护生态平衡和可持续发展。尽管如此，生态农产品的供给仍远少于非生态农产品的供给，具体有哪些前置因素约束了生态农产品的生产值得研究。为此，本部分基于计划行为理论和规范激活理论，以农村合作社为对象，考察生态农产品影响生产意愿的因素。

一、理论分析与研究假设

计划行为理论（Theory of Planned Behavior，TPB. Ajzen，1991）能够帮助我们理解人是如何改变自己的行为模式的。计划行为理论认为人的行为是经过深思熟虑的计划的结果。所有可能影响行为的因素都经由行为意愿而影响行为，而行为意愿则分别受到行为态度、主观规范、知觉行为控制等的影响。计划行为理论已被广泛用于解释人们在环保、可持续发展和绿色行为方面的决策和行为（Mancha and Yoder，2015；Paul et al.，2016；Savari and Gharechaee，2020）。

行为态度是指决策者对于特定行为的认知和评价，判断该行为对自己是有利还是不利。以合作社为例，其对生态农产品生产的认知程度和评价态度将直接影响他们是否愿意从事这项活动。当合作社对生态农产品生产有深入的认知，且对其持积极态度时，他们更有可能积极投身于生态农产品的生产。具体而言，如果合作社认识到生产和销售生态农产品可以带来经济效益的增加，同时还能够提升环境保护水平或促进社会进步，这将进一步强化他们推进生态农产品生产的意愿。认识到这些正面影响，将激发合作社成员的积极态度，使他们更愿意投入时间、资源和努力来支持生态农产品的生产和推广。

主观规范是指个体在决定是否采取某种行为时，所受到的来自于影响其决策的个人或群体的压力。换言之，个体通常倾向于与参照群体的期望保持一致。具体而言，当个体与影响其行为决策的个人或团体的关系紧密时，这些人或团体的积极态度会增强个体对特定行为的意愿；反之，这些关系中的负面因素可能降低个体采取该行为的意愿。在合作社的情境中，无论是领导者还是成员，都会受到政府、社会等外部因素的影响。合作社在进行决策时，可能会受到来自政府、社会等方面的影响，尤其是当外部舆论普遍认为非生态农产品会对人体健康和环境造成负面影响时，合作社的领导者和成员可能会感受到外部的社会压力，从而倾向于采取更环保的行为，即生产生态农产品。这种外部压力可以塑造合作社的主观规范，促使他们更积极地参与环保型农产品的生产，以满足社会期望。

感知行为控制涉及决策者在行为决策时认为自己可以控制或影响的因素。在合作社考虑生态农产品生产时，会涉及一系列非意志力因素，如学习能力、资金、技术等资源。这些因素在很大程度上影响了合作社的行为决策过程。合作社在决定是否从事生态农产品生产时，会考虑他们是否拥有足够的学习能力来适应新的生产技术和方法。如果他们感到技术上的不确定性过大，可能会降低生产生态农产品的意愿。此外，资金也是一个重要的因素。如果合作社缺乏足够的资金来购买所需的设备和材料，他们可能会感到其对生态农产品生产的控制能力受到限制。技术水平也是影响感知行为控制的因素之一，因为缺乏必要的技能和知识可能会让合作社感到无法有效地掌控生态农产品的生产过程。

基于上述分析，提出如下研究假设：

H1：行为态度对合作社进行生态农产品生产的意愿具有显著的正向影响。

H2：主观规范对合作社进行生态农产品生产的意愿具有显著的正向影响。

H3：感知行为控制对合作社进行生态农产品生产的意愿具有显著的正向影响。

计划行为理论虽然能较好地预测决策者的行为，但其考虑了过多的个体理性认知的态度和外部因素，却未将个体道德因素纳入分析框架。相对而言，规范激活理论是一个用来解释利他和亲环境意向行为的模型（Onwezen et al.，2013）。该理论认为利他行为或意向是个人规范的结果，并受到责任归因和后果意识的触发（Schwartz，1977）。NAM 模型已被应用于预测亲环境行为，诸如节能环保、绿色产品购买、绿色交通等（Li et al.，2019；Han，2021）。

个人规范是指个体对采取特定行动或抑制特定行动的道德义务。后果意识被称为个体对其行动对他人所产生影响的认知程度。责任归因表现为个人对其行为结果的个人责任感程度。就合作社而言，合作社进行生态农产品的生产时，将意识到其会对农产品消费者的身体健康产生积极影响，而生产供给非生态农产品可能会对合作社成员的道德责任产生影响。因此这种责任归因和后果意识有助于提高合作社进行生态农产品生产的意愿。为此提出如下研究假设：

H4：责任归因对个人规范具有显著的正向影响。

H5：后果意识对个人规范具有显著的正向影响。

H6：后果意识对责任归因具有显著的正向影响。

H7：个人规范对合作社进行生态农产品生产的意愿具有显著的正向影响。

根据上述分析，基于计划行为理论和规范激活理论，本书构建了影响合作社生产生态农产品意愿的理论模型，如图 4-5 所示：

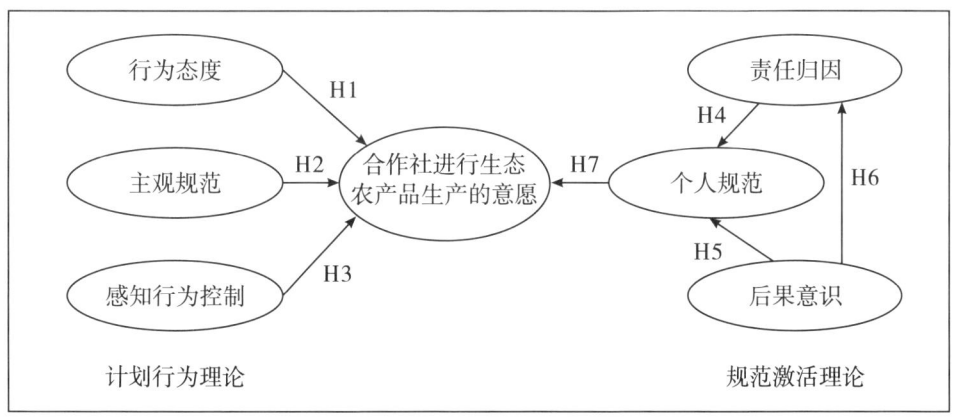

图 4-5 合作社进行生态农产品生产的意愿影响机理的理论模型图

二、研究设计

问卷包括两部分内容，第一部分为受访合作社成员的个体特征，包括性别、年龄、受教育程度、农作物类别及种植面积等。第二部分为理论分析框架中各变量的测量题项，包括行为态度、主观规范、感知行为控制、个人规范、后果意识、责任归属和行为意愿等，该分析框架借鉴了 Nguyen 等人（2021）、Yang 等人（2022）的研究，生态农产品生产行为意愿参考了 Li 等人（2020）的研究，并根据合作社实际情况修订而成。所有题项均采用李科特五点法，范围从"非常不同意"到"非常同意"，分别对应 1—5 分。此部分问卷题项为 18 道题。具体量表如表 4-6 所示：

表 4-6 合作社生态农产品生产意愿量表

潜变量	代码	题项
行为态度	BA1	生产生态农产品能提高经济收益
	BA2	生产生态农产品能促进社会发展
	BA3	生产生态农产品能改善生态环境
主观规范	SN1	政府支持生态农产品的生产
	SN2	合作社成员支持生态农产品的生产
	SN3	亲朋邻里支持生态农产品的生产
感知行为控制	PBC1	具有学习能力进行生态农产品的生产
	PBC2	具有资金进行生态农产品的生产
	PBC3	具有技术进行生态农产品的生产
个人规范	PN1	我有道德义务进行生态农产品的生产
	PN2	如果没有生产生态农产品我将有内疚感
后果意识	AC1	不生产生态农产品将对环境产生破坏
	AC2	不生产生态农产品将损害消费者健康

续上表

潜变量	代码	题项
责任归属	AR1	对于未生产生态农产品而造成环境污染,我负有责任
	AR2	对于未生产生态农产品而损害消费者健康,我负有责任
行为意愿	BI1	愿意进行生态农产品的生产
	BI2	愿意关注生产农产品的生产
	BI3	愿意向他人推荐生态农产品的生产

三、问卷调查样本

本书所用数据来源于研究团队于2021—2022年暑假期间在湖北省、江西省和湖南省内组织实施的问卷调查,重点地区为荆州市、宜昌市、九江市、赣州市、常德市、益阳市等地区的乡村。研究团队带领学生走访调查,在上述地区发放问卷,共调查合作社387家,每个合作社调查一名合作社成员,回收有效问卷339份。被调查合作社生产范围涉及粮食、蔬菜、水果、油茶、水产等。调查对象的人口特征如表4-7所示。

表4-7 样本描述性统计

人口特征	选项	样本数量	占比
性别	男	247	0.73
	女	92	0.27
年龄	小于40岁	32	0.09
	40—50岁	89	0.26
	50—60岁	162	0.48
	大于60岁	56	0.17

续上表

人口特征	选项	样本数量	占比
学历	初中以下	113	0.33
	初中	142	0.42
	高中或中专	65	0.19
	大专及以上	19	0.06

从表中可知，合作社调查对象主要为男性，主要年龄段为50—60岁，小于40岁的年轻人占比非常少，不到10%。学历集中在初中水平，接受高等教育的占比仅为6%。数据表明合作社成员无论是在年龄还是教育程度上均存在明显的不足，影响着生态农产品的生产和营销，进而制约了生态农产品的价值转化。

四、结果分析

本书运用了内部一致性系数 Cronbach's α 值来评估测量工具的信度。当 Cronbach's α 值超过0.7时，表明量表具备可靠的信度水平。利用SPSS 26软件对所收集的样本数据进行信度分析，结果显示，本书所有变量的 Cronbach's α 值均分布在0.77至0.89区间内，均高于0.7的标准。这清楚地表明本书所使用的量表在内部一致性方面表现出色，信度水平较高。此外，本书还使用A-MOS 23对样本数据进行了效度分析。结果表明，所有量表的潜变量KMO检测值介于0.54至0.70之间，均超过了0.5的标准值。这证实量表具备良好的收敛效度；Bartlett's 球体检验伴随概率均为0.00，AVE值均大于0.5，具有较好的效度。

合作社进行生态农产品生产的意愿的形成机制路径估计结果如图4-6所示。从图中可知，所有研究假设的路径系数均具有显著性。在认划行为理论框架中，行为态度、主观规范和感知行为控制均对合作社生态农产品生产意愿产生正向影响，研究假设H1—H3成立。值得注意的是，行为态度的标准化路径系数高达0.46，表明合作社成员对生态农产品的正面价值认知越高，越有意愿实施生态农产品的生产。同时,感知行为控制的标准化路径系数亦达到0.37,反映了合作社成员的动态学习能力、资金和技术掌握程度,能较明显地影响到其实施生态农产品生产的意愿;相对而言,来自政府、社会和邻里的压力对生态农产品生产意愿的影响较小。

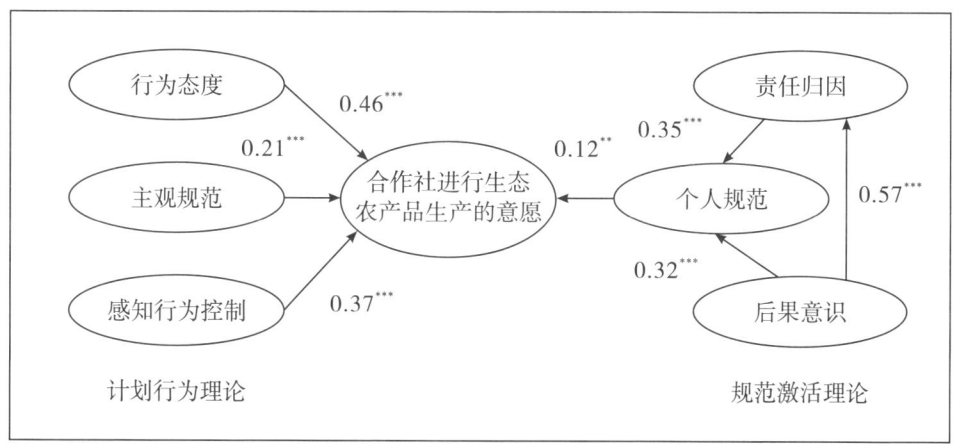

图4-6 合作社进行生态农产品生产的意愿结构方程模型标准化路径系数图

注:**表示在0.01水平上显著,***表示在0.001水平上显著。

在规范激活理论框架中,个人规范对生态农产品生产意愿有着显著正向影响。后果意识、责任归因对个人规范亦有着显著正向影响,此外后果意识还影响到责任归因。由此,研究假设H4—H7成立。但是值得关注的是,个人规范的标准化路径系数较小,仅为0.12,表明现阶段仅依靠自我道德约束难以推进生态农产品的生产。结合行为态度、感知行为控制等标准化路径系数可知,推进生态农产品的生产和价值转化还需要依托市场力量,提高合作社成员的学习能力、资金供给和技术支持,是现实可行的发展生态农业的路径。

五、结论与建议

在计划行为理论和规范激活理论的基础上,本书构建了一个拓展的计划行为理论模型,以研究合作社在生态农产品生产方面的意愿形成机制,分析行为态度、主观规范、知觉行为控制以及个体规范对生产意愿的影响。研究的主要结论如下：首先，行为态度、主观规范、知觉行为控制和个体规范对生态农产品生产意愿均产生显著正向影响；其次，后果意识和责任归因会正向影响个体规范，进而影响生态农产品生产意愿，且责任归因在这个过程中发挥着中介效应。

基于研究结果，本部分初步提出如下建议，以帮助合作社在生态农产品生产和价值转化方面取得更好的效果：（1）强化农产品质量安全监管，保障产品的质量和安全，维护市场的稳定运行。以此为突破口，搭建生态农产品市场信息平台，让消费者更容易获得有关产品的信息，从而支持他们做出成熟的购买决策，进而培育、壮大生态农产品市场。此外，与相关机构、市场和消费者建立合作伙伴关系，扩大生态农产品的市场渠道，可以为合作社生态农产品的价值实现提供良好的市场环境。（2）提供技术支持，为合作社成员提供有关生态农业的培训和技术支持，帮助他们更好地掌握生态农产品生产的技能和知识，从而增强知觉行为控制。（3）加大政策支持与资金投入，政府和相关金融机构可以提供政策支持和资金投入，鼓励合作社开展生态农产品生产。这将有助于改善行为态度和主观规范，同时也提供了更多的资源和机会来增强知觉行为控制。

第五章
生态农产品生产经营者动态能力分析

动态能力理论是一种组织战略管理理论，强调组织在面对快速变化的环境时，需要不断地调整和更新自身的资源和能力，以实现与环境的匹配，从而保持竞争优势（Teece et al.，1997；Eisenhardt and Martin，2000）。动态能力主要包含如下三个能力：(1) 机会感知能力，即辨识环境变化、发现新机会和潜在威胁的能力；(2) 机会捕获能力，即获取和利用新机会的能力，这可能包括新资源的获取、新技术的开发、新市场的进入等；(3) 增强、整合、保护以及在必要时重新配置无形和有形资产，以维持竞争力的能力，即资源配置能力。在面对环境变化时，组织需要具备重新配置资源以适应新环境的能力，包括内部资源的调配和外部资源的整合（Teece et al.，1997；Teece，2007）。随着动态能力理论的发展，其适应范围不仅包括企业组织，还涉及创业者和其他个人战略发展领域（Zahra et al.，2006；Schiavon et al.，2022）。动态能力理论关注组织如何重构和再配置内部外部资源，以适应不断变化的市场环境。而我国自开展生态文明建设以来，持续推进生态农业的发展，农产品消费者的绿色偏好逐步上升（梁志会等，2020）。因此生态农产品生产经营者须较好地把握动态能力，以应对不断变化的市场环境，进而实现生态农产品的价值转化。基于上述考虑，本部分重点分析生态农产品生产经营者的机会感知、机会捕获和资源配置能力。

第一节　机会识别能力

生态农产品创业者在人才资源中占有核心地位。经过深入的实地调研，本书发现，在农村生态农产品经济价值转化的早期阶段，生态农产品生产者的初衷并不复杂，在最初阶段并未设定远景目标，他们以探索性的态度启动了生态农产品的生产经营，随后生产经营规模逐渐扩大，包括成立合作社以及部分演化为公司，实现从第一产业到第二产业和第三产业的转化。那么，为何是这些生态农产品经营管理者的产品能够在市场中崭露头角？他们具备何种独到之处？他们的成功经历对我们理解生态农产品价值转化机制有何启示？针对上述问题，本书对生态农产品合作社进行深度访谈和问卷调查，发现生态农产品生产经营者机会识别的来源主要为个人经历（占比33%）、亲朋好友介绍（22%）和政府推动（45%）三种途径。

一、个人经历

部分生态农产品生产经营者曾从事传统农业，这为他们在机会识别方面提供了较好的视角。市场导向机制由诸如价格、供求、竞争等多种因素共同构成，其中价格机制为核心要素。只有在商品能够获得良好的价格、为农村生态农产品经营管理者提供充足的利润空间时，他们才能识别商机。以某肉牛养殖合作社为例，该合作社在市场的推动下成立。虽然当地牛肉市场相对稳定，但城市居民更倾向于购买散养户的牛肉，即使价格相对较高。同时，当地小区团购活动也比较活跃。因此，部分散养户联合成立了肉牛养殖合作社，推动有机牛肉产品的生产和经营规模扩大。从从事传统农业的生态农产品生产经营者的视角观察，他们对市场信息的敏锐性是实现新兴生态农业领域成功的关键因素。

访谈中还发现，成功转型的生态农产品生产经营者在探索新兴生态农业领域的过程中，还关注行业内的创新和技术发展，注重运用先进的技术手段，提高生产效率和产品质量。同时，他们还着力加强与其他生态农产品生产经营者、研究机构以及政策制定部门的合作与交流，共同推动行业发展，实现互利共赢。总之，生态农产品生产经营者在新兴生态农业领域的成功，离不开他们对市场信息的敏锐把握、生产策略的灵活调整以及生产经营的不断创新。而过去从事传统农业的经验，则为他们在市场识别方面提供了独特的视角。对于其他有意涉足生态农产品生产经营领域的人来说，借鉴这些成功经验，密切关注市场信息和趋势，努力提高自身竞争力，将对他们在新兴生态农业领域取得成功大有裨益。

二、亲朋好友介绍

在生态农产品市场中，信息的不对称性为掌握更多信息的人提供了优势，使他们能够清晰预见未来的发展趋势并做出利益最大化的决策。与此同时，这些信息的持有者通过分享他们掌握的信息给有需求的人，促进这部分人对商业机会的识别，这也是农村生态农产品经营管理者识别机会的一种重要路径。值得关注的是，这些从他人那里获取的机会信息，无论是来自他人的直接介绍，还是来自亲戚、朋友、同学等间接渠道，其传递者大多数都是在城市学习或工作过的人。他们扮演了信息桥梁的角色，将城市的第一手信息传递给乡村的生态农产品经营管理者。这种信息传递不仅帮助生态农产品经营管理者了解城市市场的需求和消费者的消费习惯，也有助于他们了解新的生产技术和经营模式，从而提升他们的市场竞争力。

在访谈中，部分调研对象亦表示，他们会有选择地接收和处理这些信息，明晰其价值和意义，以便对未来的市场趋势做出准确的预判和有益的决策。因此，生态农产品经营管理者需要培养和强化自身的信息处理能力，以优化信息的获取、分析和应用，从而提高他们的机会识别能力。此外，生态农产品经营管理者还需要建立和维护与这些信息传递者的良好关系，以获取更多和更有价值的信息。这不仅包括与亲朋好友的关系，后期也会拓展到与同行、专业机构以及政府部门的关系。通过维护这些关系，生态农产品经营管理者可以获取到更多的市场信息和资源，从而提高他们的竞争力，并在生态农产品市场中获取更多的机会。

三、政府推动

政府在推动农村生态农产品价值转化和农村生态农产品经营管理者识别机会方面具有决定性作用，政府牵线的生态农产品经营管理者识别机会的比例占到了整个机会识别因素的45%。访谈对象的反馈结果是，为了促进农村发展，解决"三农"问题和乡村振兴问题，政府出台了一系列相关政策，推动了项目的实施，给农村带来了机会。如某生态脐橙种植产业就是在政府政策的推动下发展起来的。在政府的支持和市场前景的联合作用下，农民的信心得到了增强，进而促进了特定行业的发展。

此外在调研中还发现，对地方政府的信任度与生态农产品生产经营者机会识别之间存在密切关系。对地方政府信任度越高，生产经营者越容易理解政策导向和乡村振兴战略,从而助其在创新环境中发现新的市场机会。而对地方政府信任度低的地区,政府推动带来的机会识别概率非常低。因此,提高政府公信力对于促进生态农业发展和生产经营者识别市场机会具有重要意义。

第二节 机会捕获能力

机会捕获能力是指组织在识别出潜在的市场机会后,能有效地利用这些机会创造价值和实现竞争优势的能力。本部分分别从机会评估能力、资源获取能力、适应和学习能力等方面分析生态农产品生产经营者的机会捕获能力。

一、机会评估能力

在生态农业领域,生产者面临着不断变化的市场环境和消费者需求。为了抓住这些机会,生产者需要进行机会评估,以判断其自身是否具备充分的能力和资源来开发新的生态农产品项目。根据调查访谈结果,调查对象通常结合自身的资源禀赋,包括土地、水源、气候、劳动力、资金、技术、农业设备和经验等,对新的生态农产品项目和自身实力进行详细的调查和分析。这有助于他们了解自身的竞争优势和劣势,从而找出最适合进行生态农业生产的资源组合。被调查者的上述机会评估方法,实质上符合资源基础观(Barney,1991)的要求。

此外,被调查对象还采用市场导向的策略,积极与现有和潜在买方(消费者)进行交流,并关注市场的竞争情况,以判断产品生产的可行性。基于市场导向和资源基础观,调查对象将自身资源与市场需求进行匹配,评估哪些资源可以用来生产符合市场需求的生态农产品。同时,调查对象还会采用成本效益分析方法,评估生产成本和潜在的收益,以确定生产该产品的利润空间。

二、资源获取能力

资源获取能力,特别是新资源获取能力,对于生态农产品生产经营者捕获新机会至关重要。一是因为新的机会常常需要新的资源来开发，新资源获取能力能够帮助生产经营者及时获取所需资源，从而更好地开发和利用新的机会。二是新资源获取能力可以提高生产经营者的竞争优势，在竞争激烈的市场环境中，新资源获取能力常常是生产经营者成功与否的关键。

在调查对象中，生态农产品生产经营者获取新资源的常见渠道主要包括市场采购、政府补贴和合伙人投资。市场采购是通过市场交易获取新资源，包括购买新的生产设备，如厌氧发酵设备、堆肥设备等，以及各类生态种植养殖技术；政府补贴是通过政府的各种政策获取新资源，如部分地区生态农产品生产经营者购买农机、无人机等可以获取政府的财政补贴；合伙人投资则是非常重要的新资源获取渠道。合伙人不仅为生产经营者带来了初始资金或追加投资，帮助企业扩展生产规模，更多的是带来了技术和市场渠道。调查发现，本地合伙人的投资更多的是资金、土地和劳动力的投入，异地合伙人的投资更多的是技术、市场渠道的投入。上述情况对于具有社会资本和声誉的生态农产品生产经营者而言尤为普遍。同时，调查对象均认为吸引合适合伙人的能力，是其能否成功捕获生态农业发展机会的关键。

三、适应和学习能力

在机会的捕获过程中，可能会遇到各种预期之外的问题和挑战，这就需要生态农产品生产经营者具备良好的适应和学习能力，以确保能够在生态农业快带变化的环境中，持续捕获和利用新的机会。本书采用叙事访谈、半结构访谈、实地观察与问卷调查等对生态农产品生产经营者进行考察，发现被调查者在生产、管理、技术和销售等方面能力的学习方式为接受技术培训（占比56%）、自主学习行业动态（占比44%）、交流提升生产管理经验（占比36%）等，其中选择上述全部三者的占比为11%，选择其中两种的占比33%。

从上述结果可知，大部分的生态农产品生产经营者都非常重视技术和行业动态。此两者可以帮助他们及时了解市场的变化，提升自身的技术水平，从而增强自身的机会捕获能力。此外，生产者亦非常注重通过交流来提升自身的生产管理水平。这种方式可以帮助他们更好地理解和解决生产过程中遇到的问题，从而有助于提高其将机会成功落地实施的概率。

根据前文的讨论和分析,本书建议政府推动农民间的协作与联盟,从而达到资源共享、技术共享以及市场共享的目标。这样的合作方式不仅可以显著提升生态农产品生产经营者之间的合作效果,也能够提升其机会捕获能力。例如,生产经营者可以通过创建或加入合作社,形成稳定的生产和销售链条。如此,生产经营者之间可以形成利益共享的模式,通过共享市场信息,减少市场风险,增加对市场动态的了解,提高其机会评估的准确度。此外,合作社也可以实现信息和技术的共享,从而提高农民对新技术和新设备的掌握程度,提升其获取新资源的能力。同时,政府也可促进农民与科研单位、学术机构的产学研合作。这样的合作可以帮助农民了解和掌握前沿的农业科技知识,提升其技术能力,从而提高其机会捕获能力。而学术机构和科研单位,通过与农民直接合作,可以更好地了解农业生产的实际需求和问题,有针对性地进行科研和技术开发。

第三节 资源配置能力

资源配置能力指增强、整合、保护以及在必要时重新配置无形和有形资产,以维持竞争力的能力。这种能力在生态农业发展中尤为重要,因为生态农业旨在通过环保、高效和可持续的方式实现农业生产与自然资源保护之间的平衡(Horlings and Marsden,2011)。本部分分别就生产经营者增强资源、整合资源、保护资源和资源重新配置等方面论述资源配置能力对生态农产品价值实现的影响。

一、增强资源

根据资源基础理论,组织的竞争优势主要源于其独特的资源和能力(Barney,1991)。因此,经营者需要通过技术进步、技能提升、知识积累等方式,不断提升自身在生产、管理和营销等各方面的能力,以提高资源的利用效率。具体包括:(1)提升生产技术水平,运用先进的生产技术和设备,提高生态农产品的产量和质量,降低生产成本;(2)研发创新,加大科研投入,开发绿色、高效、低成本的生产方式,满足市场对生态农产品的需求;(3)人力资源培训,加强合作社成员和员工培训,提升生态农产品生产作业流程标准化程度;(4)加强供应链管理,建立有效的供应链管理体系,优化与上下游合作伙伴的合作关系,提高供应链效率。

二、整合资源

根据产业链价值模型,整合上下游资源,或者开展横向合作,可以形成规模效应,降低生产成本,提高产品质量和竞争力(Porter and Millar, 1985)。在生态农业生产中,这种整合资源的方式可以帮助经营者优化生产流程,减少资源浪费,增加生产效率,从而提高生态农产品的竞争力。首先,横向整合是生产经营者与同行业其他合作社进行合作或合并,整合同类资源,减少重复投入,降低生产成本。开展横向整合,不仅可以汇集更多的生产资料,还可以借鉴同行在生产经营方面的经验和技术,提升自身的生产效率和产品质量。其次,纵向整合是通过与上下游企业的深度合作,实现产业链上下游的资源整合,提升整体竞争力。例如,与农机、有机肥料等上游企业合作,可以保证生产过程中的质量和效率;与生态食品加工和生态文旅下游企业合作,则可以将生态农产品更好地推向市场,扩大销售渠道。最后,跨界整合则是与其他产业相关企业进行合作,整合跨界资源。例如,与电商平台合作,可以利用互联网的力量推广生态农产品,拓展市场空间;与金融机构合作,可以获取更多的资金支持,加大生产投入。

三、保护资源

生态农产品生产经营者需要保护有形和无形资产、内部资源和外部资源,以维持其竞争力。首先,对有形资产进行保护是生产经营者维持生产基础的关键。定期对生产设备和基础设施进行维护保养可以确保其性能和价值不被侵蚀,从而保证生产活动的正常进行。此外,对于生产过程中的原料和成品也需要进行妥善的管理和保护，避免其在存储和运输过程中遭受损失。其次，对无形资产，特别是品牌和商业秘密的保护对于生态农产品生产经营者的竞争力至关重要。品牌代表了生产经营者的商誉和市场地位，而商业秘密则是其保持技术和市场优势的关键。因此，生产经营者需要通过法律手段和乡村规章制度，保护品牌和商业秘密等不被侵犯，维持其竞争优势。针对内部资源，合理配置人力、物力等内部资源是提高资源利用效率、降低浪费的关键。这需要生产经营者有明确的规划和有效的管理制度，以确保内部资源的最优配置。针对外部资源，生产经营者需要与合作伙伴建立稳定的合作关系，确保资源供应的稳定性和可持续性。这不仅涉及原料供应商，也包括销售渠道和技术支持等。通过稳定的合作关系，生产经营者可以在市场变化和竞争压力下保持其竞争优势。调研发现，许多生态农产品生产经营者对品牌商标的保护意识不足，在规模扩大时可能会遇到侵权和被侵权的纠纷。因此，生产经营者需要提高对品牌保护的重视程度，通过注册商标、申请专利等方式，确保其无形资产的合法权益得到有效的保护。

四、资源重新配置

生态农产品生产经营者面对市场需求发生变化和竞争环境发生变动时，需要及时重新配置资源，以提高其生态农产品的市场适应性和竞争力。访谈发现，生态农产品生产经营者资源的重新配置主要涉及如下方面：（1）产品结构调整。如发现某一种生态农产品的市场需求大幅上升，其会相应调整产业结构，将更多的资源投入这种产品的生产。同时，如果某一种产品的市场需求减少，其亦会减少对这种产品的资源投入。这样的产业结构调整能够使公司的资源配置更加符合市场需求，提高产品的市场竞争力。但本书调查发现，相对于种植而言，养殖业的生产周期通常较长，疫苗、设备等投入需要在较长的时间内持续进行。此外，养殖业的技术门槛较高，因此养殖产品结构调整成本较高。（2）市场渠道调整。如果经营者发现生态农产品在某一市场渠道的销售效果特别好，他们应当将更多的资源投入这个渠道。相反，如果某个市场渠道的销售效果不佳，经营者应当减少对这个渠道的资源投入，甚至考虑关闭这个渠道。

(3) 技术资源调整。因应产品结构的调整，生态农产品生产经营者及时进行技术资源调整，包括针对新产品的生物防治技术、无公害农药、有机肥料使用技术，以及生产设备、精细化农业管理系统等的调整。

第四节 基于大学生乡村创业的经验借鉴①

生态农产品要实现价值转化，人才特别是创业人才是关键。但本书第二次关于农村生态产品调研的问卷结果显示，在生态农产品合作社或涉农企业中，有93%的单位以本地农民为主，没有引进外来人才。仅有7%的单位开展了外来人才引进。且上述调研对象中，大专及以上学历仅占6%，人才困境现象突出，严重制约了生态农业的发展和生态农产品的价值转化。大学毕业生作为富有创新精神的群体，其在乡村创业时所面临的困境，亦可能为生态农产品生产经营者所面对。基于此，本部分以大学生乡村创业的典型案例为研究对象，考察大学生乡村创业的动机、资本与困境，以此作为生态农产品生产经营者动态能力分析的补充。

一、大学生乡村创业的研究现状

我国大学毕业生自主创业比例为2.7%，且选择创业的大学毕业生中，三年后仍坚持创业的仅有44.8%（王伯庆、陈永红，2019）。相对于城市创业，大学生在农村创业更是鲜有其闻。随着国家乡村振兴战略规划的出台，如何强化乡村振兴的人才支撑，培养青年创客、"新农人"等乡村振兴高端人才，推动青年人才扎根乡村创业，已成为乡村振兴亟待解决的重要问题。

已有的关于大学生乡村创业的研究，主要采用问卷调查法，对大学生"村官"群体（范明、肖璐，2012；李剑富、江珊，2018）和在校大学生（刘志侃、唐萍萍，2014；翁贞林等，2019）的乡村创业倾向进行研究，未以大学生

---

① 本部分的研究成果发表于2020年《高教论坛》第11期。

乡村创业实际现况为基础进行分析,因此未能有效地描画出大学生进行乡村创业的真实动机、影响因素等。基于此,本书根据2010年以来网络媒体披露的113个大学生乡村创业案例,通过要素梳理和理论分析,探寻我国大学生乡村创业的动机、人力资本、社会资本与困境因素,为我国乡村振兴人才战略的推进作经验支撑与理论验证。

已有文献关于创业方面的理论研究,主要集中于创业成就需求理论、资源基础理论和动态能力理论等。如Alvarez和Busenitz(2001)将资源基础观引入创业理论,认为创业者个体的特定资源,包括机会识别能力、资源获取和资源整合等能力,是使企业能进行异质性生产并超过市场平均水平的重要基础,是创业必备的重要资源,因而个体的创业行为受到创业者自身获取资源能力的影响。创业情境理论则将影响个体创业行为的主要因素延伸到外部制度环境上,其认为个体所处的社会、文化、地理空间和制度背景等,直接影响创业者的创业行为和成功概率(Zahra,2007)。此外,成就需求理论则强调了创业者个体的主观能动性,其认为创业者通常具有较强的成就需要,创业者通过为自己设定目标并努力去完成,推动梦想转变为现实并实现自我价值(Saif and Ghania,2020)。

相比于城市创业,乡村创业有着不同的情境环境。乡村创业要求创业者拥有不同于城市创业者的生产和商业管理能力(Pyysiäinen et al.,2006),更多地依托社会关系和地区关系解决创业中的困难,将关系作为正式制度补充(Meccheri and Pelloni,2006)。此外,偏远的地理位置,使乡村创业的物流和信息成本更高,与外界存在着更高的信息不对称性(Stathopoulou et al.,2004)。因而将农村自然资源优势与城市人力资源、生产物流和信息优势相结合的模式,是乡村创业的一种较优选择(Korsgaard et al.,2015)。

在乡村创业主体的研究方面,已有文献主要集中在农民和返乡农民工乡村创业方面,较少涉及大学生乡村创业。少数研究主要考察了大学生"村官"和在校大学生的乡村创业倾向。如周成军(2017)认为,政策优势、地缘优势和人力优势是农村户籍大学生返乡创业三大助推因素,而城乡文化差异明显、心理融入困难、农村教育医疗支持系统不完善、经济融入困难、自身创业意识和创新能力不足,是农村户籍大学生返乡创业的主要阻碍因素。范明和肖璐

（2012）从社会网络的视角调查发现，社会网络特征对大学生"村官"创业意愿产生显著影响，其中，社会网络成员的职业异质性因能提供异质性资源，对创业意愿产生正向影响；但社会网络成员规模和社会网络中高层级人所掌握的资源等，对大学生"村官"创业倾向产生负向影响。李剑富和江珊（2018）从个体资源特征和情境特征视角的调查表明，大学生"村官"个人收入、家人支持、人际关系、创业培训、创业教育、交通通信网络设施、当地经济、当地创业资源丰富程度、成功创业者榜样的激励与大学生"村官"创业倾向呈显著正相关。

对在校大学生的调查研究中，刘志侃和唐萍萍（2014）发现，地方高校农村生源大学生的家乡贷款优惠程度、税收优惠程度、家庭精神支持程度、农村生源大学生专业等对其是否返乡创业具有显著影响。其还发现，由于专业技术的可应用性，理工类、经营类和文史类农村大学生的乡村创业倾向呈现出逐层递减的特征。翁贞林等（2019）则发现，创业个体所处外部环境、家庭背景及其资源支持，对创业自我效能感以及创业意愿有显著的正向影响。Yu 和 Artz（2019）对美国大学生的调查还发现，农村成长背景与大学生乡村创业意愿呈显著正相关，且农业和生命科学专业的学生偏向于乡村创业，而商学和工程专业的学生则较少涉及。

上述研究在探索大学生乡村创业方面做了有益的尝试，但较少涉及理论分析，且以大学生"村官"或在校大学生为主要研究对象，未涉及现有正进行乡村创业的大学生群体，因而难以客观地反映出大学生乡村创业的真实现状与情境背景。本书以互联网媒体披露的大学生乡村创业真实案例为研究对象，依托创业成就需求理论、资源基础理论和情境理论，考察大学生乡村创业的动机、人力资本、社会资本与困境因素，为大学生乡村创业研究提供了新的研究视角。

二、研究方法

本书将"大学生""农村""乡村""创业""致富""经营""种植""养殖"等关键词进行组合，通过百度检索，查找网络媒体披露的大学生乡村创业案例，并进行人工判断。为了保证案例获取的准确性，先由两名人员进行案例检验，并对各自检验案例进行编码。检验结果相同的案例则确定为大学生乡村创业案例，不同的案例则由第三人进行核对判断。在此基础上，我们梳理出2010—2019年期间网络媒体披露的113个大学生乡村创业案例，并据此对披露的内容进行文本分析。

为了便于数据的整理与处理，我们将网络媒体披露的案例文本导入NVivo 12软件，并进行节点设置和编码。由于本书依托创业资源基础理论、情境理论和成就需求理论展开，逻辑相对清晰，因此在编码时按创业动机、人力资本、社会资本、困境因素等进行归类，形成4个树节点和8个子树节点。最后借助NVivo 12的词频功能，对大学生乡村创业的动机、资本和困境等方面进行分析。

为克服研究中编码的主观性，在讨论分析创业资源基础理论、情境理论和成就需求理论的基础上，由二人独立进行编码和对比，差异部分则由第三人进行判断分析，最后经讨论达成一致。

三、研究结果

（一）大学生乡村创业的动机分析

113份大学生乡村创业案例中，有86份披露了创业的动机。其中个人兴趣、发展家乡经济占比均超过25%。个人兴趣、发展家乡经济和"村官"责任更多地体现出了创业者个体的主观能动性和个人偏好，符合创业成就需求理论（Hornaday and Aboud, 1971）。市场机遇一定程度上反映了创业者个体的创业机会识别能力，符合创业资源基础理论（Alvarez and Busenitz, 2001）。我们还发现，有11.63%的乡村创业者受到了家庭或亲人的影响，反映了创业者的社会网络在创业过程中所起到的作用。

（二）人力资本与大学生乡村创业

人力资本指个体或团队的教育背景、工作经历、行业经验和相关培训等（陈晓红等，2009）。创业者所掌握的知识和技能可以增强其机会识别能力，进而有效地开展创业活动（Lee and Lee, 2015）。基于此，我们主要从乡村创业者的教育背景、工作经历和创业领域等方面分析乡村创业者与创业活动的关系。

大学生乡村创业者的专业背景分布方面，共有42份案例披露了创业者的专业背景。其中农业与生物等相关涉农专业占比最高，为35.71%。但我们亦注意到，有26.19%的创业者的所学专业为经营类，主要集中在工商管理、市场营销、国际贸易、物流等专业。上述这些专业与创业营销有一定关联，这一点与Yu和Artz（2019）对美国大学生的调查结果有所不同。此外，计算机IT等专业占比为11.9%，这与我国农村电子商务的发展有关。值得注意的是，我们还发现有3名创业者的专业背景为艺术设计，这与创业产品外形设计存在一定关联。总体而言，我国乡村创业者的专业背景主要从生产技术（农业与生物专业）和营销管理（经管类、计算机IT）两个方面支撑其创业行为，有着非常明显的专业优势。这表明大学生的专业知识能力，有助于其识别创业机会、使用与整合资源，推动创业活动的开展。

大学生乡村创业的领域分布方面，传统养殖业占比31%，传统种植业占比19%，生态农业占比近19%，表明大学生的乡村创业依然与农村的产业结构及自然资源禀赋息息相关，亦与创业者的农业与生物专业背景存在着关联。值得注意的是，生态农业创业占比为19%，一定程度上反映了大学生在专业知识能力和理念上具有优势。此外，我们还注意到有8%的创业者在电子商务领域进行创业，亦表明大学生在农村"互联网+"的推进上具有专业优势。

乡村创业大学生的毕业学校背景方面，在本书的案例中，共有60个案例披露了创业者的毕业院校。进行乡村创业的大学生毕业院校的主体为一般普通本科院校（占比68%），较少为"双一流"高校（占比3%）。究其原因可能有如下两方面，一是毕业生的基数不尽相同。普通本科院校的毕业生数量远超过"双一流"高校毕业生；二是"双一流"高校的毕业生虽然在专业能力发展上更具有优势，但创业是机会、能力和资源的综合，专业能力仅仅是创业活动中的一部分。

（三）社会资本与大学生乡村创业

创业情境理论认为个体所处的社会、文化、地理空间和制度环境等情境，直接影响到创业者的创业行为和成功概率（Zahra，2007）。农村创业在社会、文化、地理空间和制度环境等方面均与城市创业有着显著差异。在社会方面，农村有着浓厚的社会关系网络（Smith and McElwee，2013），这种社会关系以亲缘和地缘关系为基础，并以此构造他们交往与互动的差序格局；在文化方面，传统的乡村文化亦以亲缘和地缘为基础，建立起村社和家族、宗法，形成深厚的宗族观念和家族观念，且在生产和生活中遵从以宗法等级为核心的权力观以及祖先崇拜，但亦受到现代工业带来的金钱和物质利益至上的理念冲击（冯晓阳，2010）；在地理空间方面，农村与市场的距离更远，终端客户的离散程度更高；在制度环境方面，乡村的治理表现为自治、法治、德治相结合的制度体系，呈现出多元复合协同治理机制（陶珊珊、肖凡，2020）。不同于城市主要依托于法治，农村土地集体所有权以及亲缘关系使农村的自治特征尤为明显。由此可知，乡村创业的环境，主要受到以亲缘和地缘为基础的社会、文化和制度环境影响，而社会资本作为嵌入社会网络的资源，有助于提升创业者的创业绩效（吴溪溪等，2020）。基于此，我们重点考察以亲缘和地缘为基础的社会资本，是否显著影响到大学生的乡村创业行为。

大学生乡村创业的地缘分布方面，有超过一半的大学生乡村创业地点为户籍所在地。对于返回户籍所在地乡村创业的大学生而言，亲缘和地缘的叠加，使其拥有更多的社会资本。此类社会资本将使创业者在机会识别、资源利用和资源整合方面具有明显的优势，亦有利于创业困难时期的问题解决。此外，我们亦发现有21.24%的创业者在原就业所在地创业。此部分创业者拥有的社会资本与返乡创业者的社会资本有着显著的不同，其更多地依托于原就业过程中积累的社会资本而非亲缘和地缘社会网络关系，这在一定程度上表明市场化进程改善了乡村创业的环境，使基于亲缘和地缘的社会资本在创业中的作用得以弱化。

我们还进一步从整体上考察大学生乡村创业的地理位置分布。除河南没有突出农业大省的大学生乡村创业优势外，作为农业发达地区的四川、山东和江苏，在我们乡村创业调查中占据了案例数量的前三名。我们进一步对上述三省的大学生乡村创业案例进行分析发现，创业者的户籍所在地或原就业所在地均与创业地点所处省份存在交集，一方面，这说明了社会资本的重要性；另一方面，由于所在地的农业发展水平一定程度上反映了地区的农业营商和制度环境，表明良好的情境环境有助于大学生开展乡村创业。此外，我们亦发现，与农业经济相联系的旅游发达地区，如云南、贵州和海南，在大学生乡村创业方面并没有表现出相对优势，表明我国现有的大学生乡村创业依然集中在种植养殖领域，乡村创业没有呈现出全领域发展态势。

(四) 大学生乡村创业的主要困境分析

图 5-1 为大学生乡村创业的主要困境分析。从图中可知，大学生乡村创业面临的首要困难即为资金短缺，其次为经营经验和技术障碍。我们进一步对全体样本进行分析，发现有 50 个案例反映了大学生乡村创业者在创业之前的经历，其中 9 名创业者在校期间即有创业经历，41 名创业者在创业之前有相关工作经历。即便如此，大学生乡村创业依然面临着较为严重的经验和技术瓶颈，表明乡村创业在技术和管理等方面依然具有高风险和不确定性。

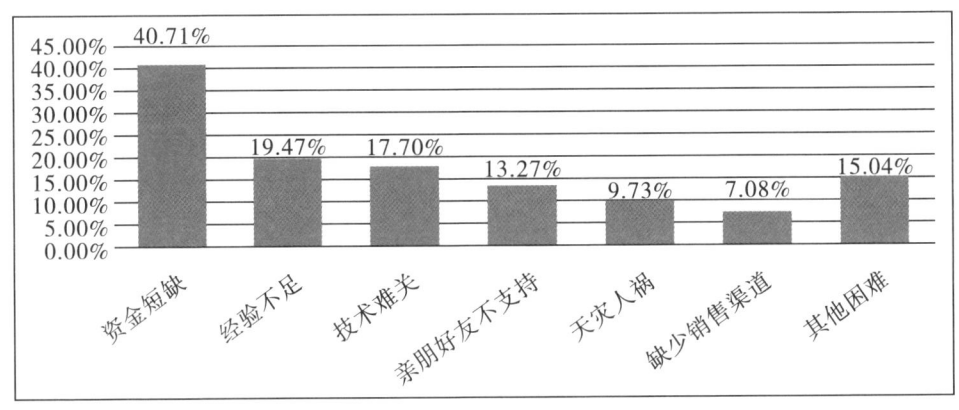

图 5-1　大学生乡村创业的困境因素分析

注：大学生乡村创业的主要制约因素通常不止一个，故分布占比总和超过 1。

四、研究结论与政策建议

本部分依托创业成就需求理论、资源基础理论和动态能力理论，以近十年来网络媒体披露的大学生乡村创业案例为对象，剖析大学生乡村创业的动机、人力资本和社会资本在创业中所起作用，以及创业活动中的制约因素。研究发现，个人兴趣、发展家乡经济和市场机会是大学生乡村创业的主要动机；农业与生物、经管类和计算机 IT 等专业背景在专业技术和营销管理能力应用方面，对乡村创业起到重要的人力资本支撑作用；以亲缘和地缘为基础的社会资本依然是大学生进行乡村创业的主要社会资本。此外，我们还发现传统农业和生态农业依然是创业的主流，资金短缺、经验不足和技术难关是创业过程中所面临的主要困境。

较之传统农民，具有专业能力与创新能力特点的大学生，构成了我国乡村振兴人才战略的坚实人才基础。而创业活动则有助于推动乡村的高质量发展。如何在资源配置和制度供给方面为大学生乡村创业提供精准帮助，有着重要的现实意义。为此提出如下政策建议：

1. 增强乡村的营商环境和政策支撑。相对而言，城市在营商环境、产权保护和制度建设等方面更加完善，具有更强的外来人口包容性。乡村则存在着明显的不足，以亲缘和地缘为基础的社会资本，直接影响到创业的社会、文化和制度，特别是非正式制度等背景情境。为此，需完善与强化营商环境和政策等正式制度，以弥补亲缘和地缘关系带来的创业者身份局限性，让更多的大学生进入创业机会更多的乡村领域，降低非本地大学生乡村创业的障碍。

2. 完善大学生乡村创业的教育体系。创业的起点来自创业机会的识别发现，而本书发现乡村创业者的主要动机源自其个体的主观能动性和偏好，其次才是机会发现。此外，创业经验和技术难题的解决亦成为大学生乡村创业的重要制约因素。但现有的大学创业教育未能使学生的理论知识内化为创业能力（张志平，2014），且大学生对制度背景发生变化下的农村商机缺乏了解。为此，可在大学创业教育与乡村创业实践之间建立有效的衔接机制，可通过涉农创新实践、涉农科研、农校企合作实践和创业实践等多种辅导教育体系，帮助拟创业者在大学期间就接受较为系统的创业辅导，以便于其挖掘乡村创业机会，丰富创业实践活动和提高技术应用水平。

3. 提升大学生乡村创业的资金支撑力度，拓宽资金来源渠道。尽管我国各地实施了《大学生创业引领计划》，从小额担保贷款、中小企业发展专项资金、政府与社会创业基金等多方面为大学生创业提供资金支持，但我们的研究发现资金短缺依然是大学生乡村创业面临的最主要困难。而我国农村金融发展严重滞后于城市金融，存在着脱农化现象。由此，可对涉农创业融资的税收优惠、财政补贴和科技金融应用等方面进行完善，进而有效引导银行信贷资金、政府和社会创业基金在大学生乡村创业融资方面进行精准配置。

五、启示

在对网络媒体报道的 113 例大学生乡村创业事迹进行深度分析后,可以提出以下几点对生态农产品生产经营者动态能力建设的启示:

首先,需要认识到动机的重要性。根据创业成就需求理论,个人兴趣、发展家乡经济和市场机会是大学生乡村创业的主要动机。这表明,对于生态农产品生产经营者,他们的动态能力建设应该始于对兴趣的追求、对家乡经济的关注以及对市场机会的敏锐把握。这要求他们在经营管理中充分利用自我激励机制,强化内在动力,发掘和挖掘个人兴趣和市场机会,实现创业动机和经营策略的有机结合。

其次,上述大学生乡村创业案例表明,与农业技术和营销管理能力有关的专业背景构成大学生乡村创业的重要人力资本。这意味着,生态农产品生产经营者应当提升自身的人力资本,通过学习和实践提高农业技术和营销管理能力。除了通过专业教育和培训的方式,他们还可以通过实地考察、交流学习、行业研讨等方式,与农业科技前沿接轨,提升农产品生产和市场营销的专业素养和实操能力。

再次,情境理论强调了以亲缘和地缘为基础的社会资本在乡村创业中的重要作用。对于生态农产品生产经营者来说,他们应积极建立和利用社会资本,通过拓宽社会关系网络,强化与家乡经济社区的互动关系,筹集各类资源,以应对市场的不确定性。同时,他们还应注重利用地域优势,充分发挥家乡的群体网络和地域资源优势,形成独特的竞争优势。

总体而言,生态农产品生产经营者的动态能力建设应聚焦动机驱动、人力资本提升、社会资本构建和困境应对等方面,以提升其机会感知能力、机会捕获能力和资源配置能力,进而在快速变化的市场环境中适应和引领生态农产品生产与营销新趋势,实现生态农产品的市场价值转化。

第六章
生态农产品生产经营资金分析

前述章节主要探讨了人力资本动态能力对农村生态产品经济价值转化的影响。然而，本研究多次实地访谈和问卷调查所获得的数据显示，乡村农户在实现生态产品经济价值转化过程中面临的最主要挑战是资金和技术问题。在农村生态农产品领域，尽管政府有大量投入，金融机构亦积极响应国家政策，以低成本支持农村生态产品，但适合生态农产品的金融工具创新仍不尽如人意。由于所处乡村区域的限制，生态农产品生产经营者信息不畅，资金来源和获取渠道有限，加剧了其融资约束程度。为此，本部分重点就生态农产品生产经营资金进行分析。

第一节　资金来源构成分析

"绿水青山就是金山银山。"党的十八大以来，随着党中央把生态文明建设纳入中国特色社会主义事业"五位一体"总体布局，绿色成为国家发展"关键词"之一。在此背景下，我国绿色金融伴随绿色发展大潮异军突起，已成为全球绿色金融的"领头羊"和"发动机"。数据显示，截至2021年末，中国本外币的绿色贷款余额已经接近16万亿元人民币，同比增长33%，存量规模居全球第一位（曾蔷，2022）。金融已成为推动环境治理、发展绿色低碳经济的重要工具（Bridge et al.，2020）。

我国生态农业金融现状受多种因素影响，总体上呈现出政策支持加强、融资渠道拓宽、创新尚待提升等特点，主要表现在如下方面：（1）政策支持。我国政府高度重视生态农业的发展，政策支持力度不断加大。例如，财政补贴、税收优惠、信贷政策等针对生态农业的政策陆续出台，为生态农业生产者提供稳定的资金来源和优惠的融资条件，如2014年国务院办公厅发布的《关于金融服务"三农"发展的若干意见》、2021年农业农村部办公厅和中国农业银行发布的《关于金融支持农业产业化联合体发展的意见》等。（2）融资渠道。我国生态农业融资渠道不断拓宽，主要包括传统农业银行、农村合作金融机构、民间金融等。近年来，互联网金融、融资租赁、产权交易等新型融资方式在生态农业领域逐渐崛起，为农业生产者提供了更为灵活、多样的融资选择。（3）金融创新。生态农业金融在政策支持和融资渠道方面取得了一定的进展，如中国农业银行持续加大绿色有机农业、绿色畜牧业、绿色渔业、动植物种质资源保护、森林资源培育产业等绿色农业全产业的金融支持力度。粮食、种业、畜牧业、林业、棉花、水产养殖及加工等涉农相关领域信贷政策先后出台，明确了支持农业绿色低碳发展的政策导向。图 6-1 为 2013—2017 年我国绿色农业开发项目贷款情况。从图中可知，我国金融机构投放到绿色农业开发项目的信贷金额逐年递增。

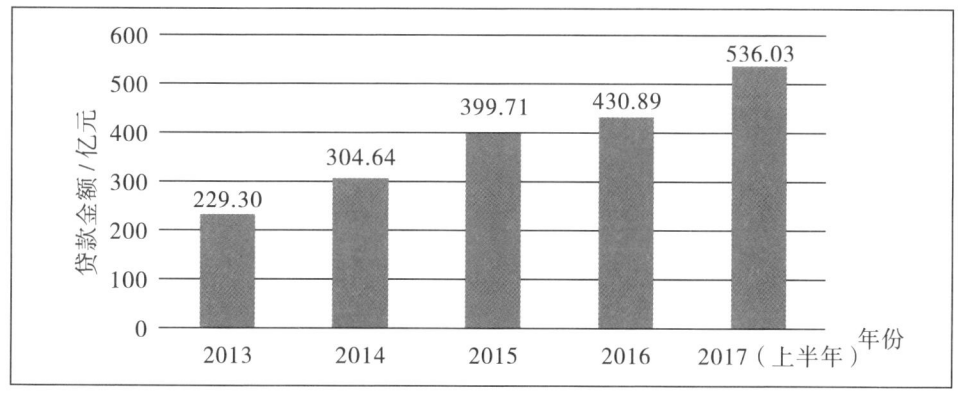

图 6-1 2013—2017 年我国绿色农业开发项目贷款情况

数据来源：中国研究数据服务平台数据库（CNRDS），自 2017 年下半年起无相应统计数据；2017 年为上半年数据，其他年份为全年数据。

就生态农产品项目的具体实施而言，在不同阶段有着不同的特征与风险，对应的资金来源构成亦有所不同。根据本研究的调研访谈结果，资金来源构成可划分为启动阶段和后续阶段。

启动资金方面，在农村生态产品价值转化过程中，启动资金的筹集是一个重要环节。根据本研究的调查分析，农村生态产品动态管理者在初期主要依赖于自有资金和私人民间信贷融资作为资金来源，这点和 Jia 等人（2010）的研究结果一致。Jia 等人（2010）发现农民更喜欢从朋友和亲戚等社交网络中借款，并且这种信贷策略主导着非正式的农村信贷市场。此外，尽管受政策支持的银行贷款对于农村创业者具有一定的吸引力，但在实际操作中，由于抵押贷款资产较少、担保人难找等，这种贷款方式存在一定的门槛。同时，针对特定的农业项目，政府也制定了相应的政策支持，例如提供免息贷款等。然而，这些政策往往需要农村创业者主动了解和申请，这在一定程度上形成了信息不对称和申请难度大的阻力。以我们调研的某脐橙种植合作社和肉牛养殖合作社为例，它们在实现生态产品经济价值转化的初期，首先依靠合伙人共同出资及私人民间信贷融资筹集启动资金。在资金不足的情况下，这些合作社以银行贷款作为补充。这种多元化的融资策略有助于降低农业合作社在启动阶段的资金压力，为生态产品的价值转化创造良好的环境。

后续资金方面，当经营成长到一定规模后，生态农产品合作社或企业主要需要调整的问题是后续资金的加入。根据本研究上述的调研访谈和问卷资料分析，生态农产品生产经营者在项目启动的后期，资金来源主要为自有资金，其占比为46%；此外私人民间借贷占比15%；政府资金占比18%；银行信贷资金占比21%。由于前期资金主要来源于生产经营者的自筹资金，且后期该种资金来源相对无法大量供应，生态农产品合作社或企业后续资金的来源要是银行贷款、政府给予的相关补助以及后期合伙人入股的资金。例如调研中有三家成功实现生态产品经济价值转化的脐橙种植合作社，其后期扩大规模时期，考虑到民间借贷的风险性和信息成本，先是加大了从银行贷款的力度，然后是后期加入的合伙人带来了相关资金，最后是政府根据相关农产品的政策给予了补助及优惠。

第二节 融资约束理论分析

生态农业是我国现代农业发展的主要趋势，其金融服务需求具有有别于传统农业阶段的特点：（1）金融需求的资金规模更大、额度更高、用途更广、期限更长；（2）金融需求的客户群体主要是新型农业经营主体；（3）金融需求的业务和产品种类具有农业经营主体差异性；（4）金融需求的趋势是覆盖全产业链条的综合性金融服务（凌海波，2016）。生态农业的上述特征，特别是金融需求的资金规模大、期限长，限制了生产经营者的外部融资，形成融资约束。融资约束是指组织在获得外部资金方面受到的限制（Fazzari et al., 1987）。本部分旨在分析生态农产品生产经营者融资约束的深层次原因,并探讨可能的解决策略。

一、信息不对称

在市场经济中,信息不对称是一种常见现象,尤其在生态农产品生产经营领域,其更为突出。该领域主要由合作社或中小型企业构成,这些组织的财务信息透明度往往不高,从而导致市场上存在的信息不对称问题变得更为严重(Stiglitz and Weiss, 1981)。根据信息经济学理论,当市场存在信息不对称时,市场参与者对交易的决策会受到影响,进而影响市场效率(Akerlof, 1970)。在生态农产品生产经营者的融资过程中,金融机构由于无法准确了解这些企业的财务状况和经营风险,因此存在错误选择和道德风险问题,这两种现象都会增加金融机构的信贷风险。

错误选择是指金融机构在贷款决策过程中,由于信息不对称,无法区分高风险和低风险的借款人,可能导致偏向选择风险较高的借款人,从而增加违约风险。道德风险是指在贷款发放后,由于金融机构无法全面监控借款人的行为,借款人可能采取风险较高的投资决策,增加了违约的可能性。为降低这些风险,金融机构通常会提高贷款利率或加大抵押物要求,这使得生态农产品生产经营者需要承担更高的融资成本,同时面临更严格的融资条件,因此形成融资约束。这种约束不仅影响了组织的正常运营,也阻碍了生态农产品行业的发展。

二、生产经营风险

相较于传统农产品,生态农产品的生产和经营在很大程度上受到更多不确定性和风险因素的影响(Bojnec and Latruffe, 2008)。这些风险因素使得生态农产品项目的收益不稳定,从而加大了贷款风险,导致金融机构更倾向于投资其他风险相对低的项目。生态农产品生产经营面临的主要风险包括:(1)气候变化风险。生态农产品生产受到气候条件的极大影响,包括降雨、温度和光照等。气候变化会直接影响农业生产,导致产量波动和品质下降。此外,气候变化还可能带来极端气候事件,如洪水、干旱和暴风等,进一步加大生态农产品生产的风险。(2)疾病和害虫风险。生态农产品生产过程中,由于不使用化学农药和化肥,作物容易受到疾病和害虫的侵害。这些疾病和害虫会导致作物产量和质量的损失,增加生产成本,从而影响企业的收益和还款能力。(3)市场风险。生态农产品市场的发展相对较新,消费者对生态农产品的认识和接受程度有限,市场需求不稳定(Petrescu et al.,2020)。此外,由于生态农产品的生产成本较高,其价格也相对较高,更容易受到经济周期和消费者购买力的影响,市场风险较大。

高风险对生态农产品生产经营者融资的影响,主要体现在融资成本提高、融资渠道减少和融资约束增加等方面。首先,由于生态农产品生产经营的高风险,金融机构在贷款过程中需要承担较大的信贷风险。为了弥补这种风险,金融机构通常会提高贷款利率,从而增加生产经营者的融资成本。其次,金融机构对农业项目的风险评估较为谨慎,可能会限制生态农产品生产经营者的融资渠道,导致其难以获得足够的资金支持。最后,高风险问题会使生态农产品生产经营者面临更严格的融资条件,如较高的抵押物要求等。这些条件限制了企业融资的灵活性,增加了融资约束。

三、资产抵押

在探讨农业金融时,一个重要的问题是生态农产品生产者对于抵押贷款的可得性。这个问题引起了学术界的广泛关注,尤其是在农业生态环境日益重要的背景下(Sherrick et al.,2000)。在金融理论中,抵押贷款的可得性取决于借款人的信用风险和资产流动性。信用风险是指借款人违约的概率,而资产流动性是指资产可以被转化为现金的速度和成本。由于生态农产品生产者的资产规模整体较小,他们的资产流动性较低,因此其信用风险也较高。此外不动产是生态农产品生产者的主要资产形式,包括土地、农田、水源、森林和其他自然资源。在其他经济组织中,土地是融资贷款的重要抵押物,但对于生态农产品生产者而言,上述资产受产权约束,难以变现和作为抵押物。

进一步,生态农产品生产者的资产价值还受到市场波动的影响。这种市场波动对生态农产品生产者的信用风险产生了直接影响。由于收入和资产价值的不确定性，生态农产品生产者在偿还贷款时可能会面临困难，从而增加了他们的信用风险。在这种情况下，银行和其他金融机构往往会谨慎考虑他们的贷款请求，可能会提高贷款的利率或者加强贷款的审核流程。

第三节　基于信息技术的融资约束解决方式分析

如上节所述，影响生态农产品生产经营组织融资约束的主要原因有信息不对称、生产经营风险和资产抵押问题。为此本部分首先从生态农产品生产经营者内生性角度考虑如何解决上述问题，以提高外部融资便利度与降低融资成本。后续章节中的生态农产品价值实现的政府保障机制部分，将从政府视角进一步分析"有为政府"在降低融资约束方面的作用机理与建议。信息与通信技术的使用长期以来一直被认为是一种可以缓解信贷问题的技术形式（Agyekum et al.，2022）。Bui 和 Do（2022）的研究表明，信息与通信技术的使用，能缓解信息不对称，提高企业生产经营效率，进而降低企业的融资约束。本部分以我国目前正在快速发展的数字化转型与区块链技术为例[①]，分析基于信息技术视角的生态农产品生产经营者融资约束解决方式。

一、数字化转型

数字化转型是指利用数字技术进行的业务、运营和组织模式的全面变革，其目标是提高效率，驱动创新，创造新的价值（Kraus et al.，2021）。农业数字化转型包括农业物联网（IoT）、农业大数据分析、农业人工智能（AI）、数字化农业生产、农产品溯源系统、农村电商和农业金融科技等众多方面。殷浩栋等人（2020）认为，农业数字化转型发展，对农业生产效率提升、开发农业农村新发展机遇、连接城乡公共服务优化配置等方面有着重要推动作用。本部分

---

① 考虑到生态农产品溯源的重要性，本部分将区块链技术单独从数字化转型中划出，分别进行论述。

则就信息不对称、风险管理等方面考察数字化转型对降低融资约束的影响。

第一,信息透明度与可获取性方面。数字化转型可以通过增强信息透明度和可获取性来降低融资约束。在传统农业中,由于信息不对称,融资方往往难以准确判断农业项目的风险和收益,从而造成融资约束(Mishra et al.,2017)。在数字化转型中,大数据技术是提升信息透明度的重要工具。它可以实时收集、存储和分析大量生态农场生产数据、市场数据等,使决策者能够全面而深入地了解生态农业生产和市场状况。云计算技术则通过提供高效、便捷的计算资源,使得大量数据的处理和分析变得更加方便和可信。它能够使生态农业数据的获取和使用变得更为简单和高效,提高信息的可获取性。此外,生态农产品电子商务的应用发展,可大大降低资金提供方的信息不对称程度。电子商务作为一种新型的商业模式,通过互联网技术,实现了信息的快速、准确和实时传播,形成大量的交易数据,帮助该数据的使用者判断评价生态农产品生产经营情况,进而降低信息不对称程度。总体而言,数字化转型通过提升信息透明度和可获取性,有效地解决了信息不对称问题,显著降低了生态农业项目的融资约束。

第二,决策效率方面。在生态农业领域,决策的效率和准确性对融资约束具有重要的影响。一方面,高效的决策不仅可以提高生态农业项目的成功率,降低投资风险,也能够增强融资方对农业项目的信心,从而降低融资约束。另一方面,准确的决策能够帮助决策者更好地理解农业项目的风险和收益,从而做出更有利于项目成功的决策,降低融资约束。人工智能是数字化转型的重要支撑技术,它能够通过自我学习和算法优化,对大量种养殖对象数据进行快速处理和分析,从而大大提高决策的效率。此外,人工智能还可以通过预测模型,提前预测农业生产和市场变化,为决策者提供及时的决策依据,进一步提高决策的效率(Sivarajah et al.,2017)。机器学习则能够通过对大量数据的深度学习,发现数据中的隐藏模式和规律,帮助决策者更准确地理解生态农业项目的风险和收益。这不仅可以提高决策的准确性,降低决策风险,也能够增强融资方对农业项目的信心,进而降低融资约束。

第三,生产经营风险方面。生态农业的数字化转型还可以实现农业生产的精细化管理。通过智能传感器进行实时监测和智能控制,生态农业生产者可以准确地控制农业生产的各个环节,比如土壤的浇灌、肥料的使用、病虫害的防治等，实现精细化生产，提高生产的效率和质量；进一步地，通过对气候、土壤、作物等数据进行实时监测和分析，预测可能出现的生产问题，如枯旱、病虫害等，及时采取预防措施，从而降低生产中的自然灾害风险。

二、区块链技术

近年来，随着区块链技术的发展和应用，如何利用区块链技术来解决生态农业融资约束的问题引起了学术界和业界的广泛关注。区块链是一种分布式数据库技术，通过去中心化和分布式记账，保证了数据的透明性、不可篡改性和可追溯性。这些特性使得区块链技术具有巨大的应用潜力，尤其在金融领域，区块链技术被应用于支付、清算、交易、身份验证等多个环节，显著提高了金融服务的效率和安全性（Tapscott，2017）。

在生态农业金融领域，区块链技术可以通过以下途径来降低生态农业的融资约束。第一，增强信用机制。信用是金融领域的重要基石。然而生态农业生产者由于存在资产规模较小、资产流动性低等问题，往往面临信用风险，这使得他们在获取贷款时面临困难。区块链技术，因其去中心化、透明性和不可篡改性的特点，能够有效地建立信用机制。生产者的生产活动、交易记录、偿债能力等信息可以被记录在区块链上，形成一个可追溯、不可篡改的信用记录。这将有助于金融机构更精确地评估生态农业生产者的信用风险，降低他们的融资约束。

第二，提升资产流动性。权益流动性能有效地提升市场主体的外部融资能力，降低融资约束（张强等，2019）。生态农业生产者的主要资产，如土地、农田、水源和机器设备等，往往具有较低的流动性，不易变现，这增加了他们的融资约束。区块链技术可以将这些实体资产数字化，从而实现资产相关权益的切割和转让，进行部分权益的交易，这使得资产的使用更加灵活，满足多元化需求，进而形成可以在区块链上进行部分权益交易的数字资产。这将有助于提高资产的流动性，增加资产的使用效率。此外，数字资产交易的透明性和安全性，也可以降低交易的风险，进一步提高资产的流动性。

第三，降低交易风险。生态农产品系统十分复杂，包括生产、加工、存储、运输、销售等多个阶段，使得产品的质量和安全问题变得异常复杂和难以追踪。然而，区块链技术因其不可篡改和可追溯的特性，能够在复杂的供应链中跟踪生态农产品的源头信息，包括种子来源、种植方法、肥料和农药使用、收获和储存方式、运输过程等各个环节，帮助消费者建立对生态农产品供应链的信任（Xiong et al.，2020）。同时，区块链技术还可以为政府部门提供一种有效的食品监管手段。政府可以通过访问区块链，实时了解农产品的生产、流通状态，及时发现潜在的食品安全问题。当发生食品安全事件时，政府可以迅速追踪到问题源头，进行有效的食品安全管理。因此，区块链技术通过提供透明、可追溯的生态农产品信息，为消费者、政府等各方提供了一种解决食品质量和安全问题的有效工具，有力地降低了交易风险。

尽管区块链技术具有巨大的潜力，但要真正利用它来解决生态农业的融资约束问题，还存在一定问题。首先，区块链技术的应用需要大量的技术支持和投资，这对于许多生态农业生产者而言具有一定困难。其次，区块链技术的应用涉及数据安全和隐私保护等问题，这需要政策制定者和技术开发者共同努力去构建一个安全、可信的区块链系统。最后，区块链技术的应用需要相关的法律和政策支持，这需要政策制定者和监管机构进行深入研究，制定出适应区块链技术发展的法律和政策。

第七章
生态农产品生产经营技术支撑分析

技术对于推动生态农产品价值实现具有重大意义。一方面，先进的生产技术可以提高农产品的产量和品质，满足消费者对农产品安全、健康的需求，提升生态农产品的市场价值。另一方面，技术可以优化生产流程，降低资源消耗，减少环境压力，构建可持续的生产模式。这不仅有助于维护良好的生态环境，也符合现代消费者的绿色消费观念，增强了生态农产品的附加值。为此本部分重点就生态农产品生产经营技术支撑展开分析。

第一节 技术与生态农产品价值实现

农业技术的实施对生态农产品的价值转化具有深远的影响。农业技术旨在通过整合技术创新和科学实践，提高农业系统的效率、生产力和环境可持续性。本部分重点就农业技术对生态农产品价值转化的作用机制，即生产效率提升、生态可持续性和市场竞争力等三个方面开展论述。

第一，生产效率提升方面。生产效率的提升是农业技术发展的重要目标。通过优化资源利用，最大化产量潜力，农业技术有可能显著提高生态农产品的生产力。具体实现方式多样，如精准农业、生物技术和先进的机械设备等。精准农业指利用数据驱动技术，如遥感、地理信息系统（GIS）和全球定位系统（GPS），实时监控和管理作物生长、土壤条件和病虫害，为农户提供准确数据，使他们能够做出明智决策，精确投入，从而提高生产效率（Shanmugapriya et al.，2019）。生物技术在生产效率提升中也发挥了重要作用，科研人员可以研发具有优良性状的新品种，如营养价值高、抗虫害和疾病，以及对环境压力有较强适应性的新品种，以提高农作物的生产力。此外，先进的机械设备，如无人机和自动驾驶拖拉机等，也在提升生产效率中起到了关键作用（Dutta and Goswami，2020）。机械设备可以实现高效的土地管理、节省劳动力，极大地提高农业生产的效率。综上所述，这些技术进步对提高生态农产品的生产力和价值创造起着重要的推动作用。随着科技的不断发展，我们有理由相信，通过不断优化和应用这些技术手段，生态农产品的生产效率将会得到更大的提升，从而进一步推动农业可持续发展。

第二,生态可持续性方面。农业技术的实施对增强农业系统的生态可持续性有显著帮助。其通过降低农业的环境足迹和推动自然资源保护来发挥这一作用。例如精准农业技术通过采用高效灌溉、精确施肥和智能化作物管理,实现化肥、农药等农业投入品的精确施用,有效减少农业生产过程中的环境污染(Cassman,1999)。此外,农业信息化技术的应用,可以实时监测和预测农业生产过程中的环境风险,为决策者和农民提供科学依据,降低环境污染风险。生物技术在培育抗逆、高产、优质的农作物品种方面具有巨大潜力。分子育种手段可以为农业生产提供更加适应气候变化、病虫害和土壤盐碱等不良生长条件的作物品种。这将有助于提高农作物的抗逆性和产量水平,减轻气候变化带来的生产风险,降低农业生产对环境的依赖。此外,保护性农业技术在维护农业生态系统健康方面发挥着重要作用,作物多样化种植等方法可以减少土壤侵蚀,提高土壤肥力和生物多样性,从而为农业生产创造良好的生态环境。这些措施可以提高农业系统的生态稳定性和自我调节能力,为农业实现生态可持续性提供有力保障。

第三,市场竞争力方面。农业技术在提升生态农产品市场竞争力方面具有重要作用,其关键在于通过提高产品质量、实现可追溯和建立市场标准,满足消费者对可持续、高质量产品的不断增长的需求。首先,农业技术可以通过优化农业生产过程,提高农产品质量。具体而言,这包括采用生物技术培育高产、优质、抗逆性强的农作物品种,采用精准农业技术提高土壤肥力和农业生产效率,以及运用保护性农业实践维护生态环境和生物多样性。其次,在农产品收获后的处理环节,农业技术的创新可以大大提高农产品的保质期和营养质量。例如,控制气氛储存技术可以通过调节农产品储存环境中的气体成分和温度,延长农产品的保质期,保持其新鲜度和营养成分。此外,冷链物流技术可以确保农产品在整个供应链中保持适宜的温度和湿度,降低产品损耗和质量下降的风险。在农产品供应链管理方面,数字平台和区块链技术可以实现农产品来源的有效追踪,提高供应链透明度,确保农产品真实性并赢得消费者信任。进一步地,生态农产品的生产者可以通过遵循环保农业实践和获得市场认可的认证,如有机认证、公平交易认证或非转基因认证等,在竞争激烈的全球市场中脱颖而出(Lohr,1998)。这些认证标志着生态农产品的生产过程符合可持续发展、生态保护和社会责任等相关标准,有助于树立品牌形象,满足消费者对健康、安全、环保产品的期望。

总的来说,农业技术对生态农产品价值转化的作用机制可以通过其在生产力提升、生态可持续性和市场竞争力等多方面的影响来理解。通过采用创新技术和可持续实践,农民和农业领域的利益相关者可以生产出满足消费者不断变化的需求的高价值生态农产品,为推动生态环保做出贡献,进而实现生态与市场价值实现的双赢。

第二节 生态农产品生产经营技术现状分析

由于尚无与生态农产品生产经营技术相关的数据,本部分分别使用我国农村住户设备工具器具购置金额、农林牧渔业研发经费内部支出金额、农林牧渔业发明专利申请数来间接考察生态农产品生产经营技术现状。表7-1为农业技术现状相关数据表。从表中可知,我国农村住户设备工具器具购置金额相对稳定,维持在平均每年1600亿元左右;农林牧渔业研发经费内部支出金额则从2010年的81亿元发展到2021年的218亿元,增长1.7倍;农林牧渔业发明专利申请数亦增长较快,但从2018年开始有所放缓。根据上述数据,可看出我国农业发展已经从过去的以机器设备推动向技术驱动的发展模式转变,这标志着我国农业发展进入了一个新的阶段。这一转变可能与我国农业的特殊性有关,即农业生产单位组织的耕地面积相对较小。因此,相比于大规模机械化生产,采用先进技术来提高生产效率和产品品质,更符合我国农业的实际情况。这也表明,随着科技的发展,技术因素在农业生产中的作用越来越显著,已经成为推动我国农业发展的关键驱动力。

表7-1 农业技术现状

年份	农村住户设备工具器具购置/亿元	农林牧渔业研发经费内部支出/亿元	农林牧渔业发明专利申请数/件
2010	1426.7	81.05743	7393
2011	1572.3	88.36640	8839

续上表

年份	农村住户设备工具器具购置/亿元	农林牧渔业研发经费内部支出/亿元	农林牧渔业发明专利申请数/件
2012	1785.8	106.011 50	11 392
2013	1778.1	113.473 50	15 459
2014	1617.7	120.414 90	18 812
2015	1587.4	144.318 00	24 932
2016	1529.1	158.143 20	33 246
2017	1589.9	182.588 10	39 013
2018	1622.0	193.073 20	37 488
2019	1567.5	210.853 40	28 982
2020	1327.2	215.314 70	32 400
2021	1660.4	218.562 80	30 040

数据来源：农村住户设备工具器具购置和农林牧渔业研发经费内部支出数据来自中国研究数据服务平台（CNRDS）；农林牧渔业发明专利申请数由企查查检索而来。

与传统农产品相比，生态农产品的生产不仅需要考虑商业价值的实现，更需要在生态保护与经济效益之间找到恰当的平衡，这无疑对生产过程中的技术支持提出了更高的要求。为了深化对这一问题的理解，本研究通过对生态农产品生产经营者进行深度访谈和问卷调查，探寻影响生态农产品价值转化的关键因素。通过分析被调查者的看法与评分，本研究发现技术因素被评为影响生态农产品价值转化的首要因素。其不仅包括生产过程中的种植、养殖技术，还包括后期的加工、储藏技术，甚至涉及农业废弃物的处理和农田生态系统的保护等。上述技术在增强农产品的生态属性，提高农产品的品质，以及提升农产品的市场价值等方面发挥着重要的作用，对生态农产品的价值转化产生了直接或间接的影响。本研究的生态农产品价值转化主要影响因素权重情况具体如图7-1所示。

在生态农产品生产经营技术获取来源方面，本研究调查发现其具有阶段性特征。在项目的初期阶段，生态农产品的生产经营者主要依赖于通过实践摸索

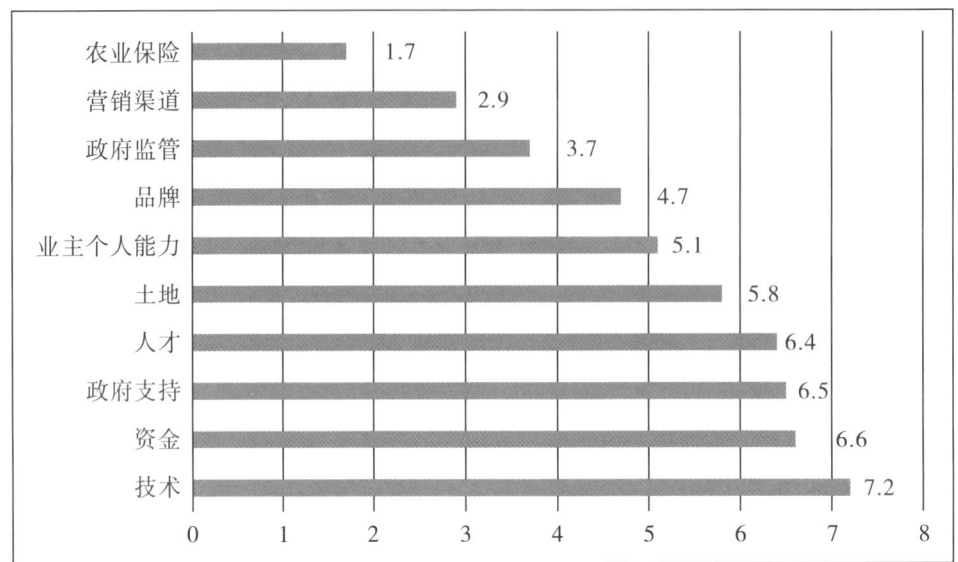

图7-1 生态农产品价值转化主要影响因素权重图

注：此部分的研究将各个生态产品转化为经济价值的影响因素交给被调查者，由被调查者对各类因素进行排序打分，总分为10分，最重要的因素得10分，次重要的因素得9分，以此类推，直到最不重要的因素得1分为止。最后统计各个因素的加权得分。

与学习培训等方式来掌握种植技术。例如，调研中，某脐橙、莲花生态农产品生产经营者使用的种植技术主要来源于长期的实践积累。此外，调研某肉牛养殖合作社时发现其在创业前就接受了专业的养殖技术培训，这些培训部分由地方政府机构组织发起，旨在提供一定的技术支持，帮助生产经营者更有效地进行养殖活动。从调研结果来看，生态农产品项目起步阶段的技术门槛并未如预期中高，这一现象与生产经营者通过实践摸索和学习培训的方式，较好地掌握了生态农产品项目的生产技术有关。这说明，在生态农产品生产的初级阶段，生产经营者的技术水平和技术门槛主要依赖于实践摸索与学习培训。

尽管在项目的初始阶段，生产经营者可以通过实践摸索与学习培训的方式，较好地掌握生态农产品的生产技术，但是这种方式在某种程度上也限制了技术的创新和提升。因为，实践摸索与学习培训的方式在提高技术水平和降低技术门槛方面有其内在的局限性，这一局限性对于生态农产品的生产和市场价值的提升可能会构成一定的障碍。此外，如何在实践摸索与学习培训的基础上，进一步引入更先进的生产技术，提升自身的技术竞争力，是其在项目发展的后期阶段需要深入考虑和解决的问题。

在项目的后期发展阶段，调研对象面临的技术门槛则显得尤为突出。其原因是生态农产品的生产经营需要在生态和经济两个因素之间找一个平衡点。过度依赖传统技术进行的生态农产品生产，其市场价值提升的空间有限，同时也无法保证生产行为的持续性，具体表现为病虫害防治和产量提升两个方面存在显著的瓶颈。本研究的调研结果显示，后续阶段的技术投入主要集中在固定资产方面，例如智能化种植设备、遥感监测设备、作物生长监测设备、有机肥生产设备以及食品加工设备等，这些设备的技术含量较高。然而生态农业生产技术研发、农产品加工技术研发、农业废弃物处理技术研发以及农田生态系统研发等方面的投入却相对较少，这表明在生态农产品生产过程中，存在着明显的重资产轻研发的现象。

上述情况表明，我国生态农业产业体系中，生态农产品的生产经营者未能在技术方向上起到引领作用。相反，科技创新的主体更多是第三产业或者第二产业的经济组织，这导致了生产主体与研发主体在需求方面存在一定的脱节。这种脱节不利于技术的迭代升级，也对生态农产品的生产和市场价值的提升构成了限制。因此，对于生态农产品的生产经营者来说，如何有效地克服技术门槛，进行科技创新，提升生态农产品的市场价值，实现生产行为的可持续性，是需要深入研究和探讨的问题。

第三节　生态农产品技术支撑体系的构建

提高生态农产品生产经营者使用科学技术的水平是实现农业可持续发展、提升农业生产效率以及满足市场对高质量生态农产品需求的关键。本书从技术转化与推广、培训与教育、合作与协作等方面发展论述，探讨如何提高生态农产品生产经营者使用科学技术的水平。

一、生态农产品生产经营者技术应用存在的问题

生态农业技术研发的主要主体为非生产者，技术应用的主体才是生态农产品生产经营者体。基于此现状，本书首先探讨生态农产品生产经营者在技术应用方面存在的问题，为后续生态农产品技术支撑体系构建提供启示。

陆建珍等人（2021）认为，我国农业科技成果转移转化具有地域特征明显、受众类型多样、成果转化周期长、不确定性和风险大、基础性与公益性突出等特点。农业科技成果的受众群体主要为农户，有效需要不足，严重制约了农业科技成果的转化。根据文献梳理和调查分析，本书认为我国生态农产品在科技应用方面整体上存在如下两个方面的问题：

一是技术创新与推广相脱节的现象较为明显。尽管近年来生态农业技术创新取得了显著成果，但在推广应用过程中却面临诸多阻力。其主要表现为信息沟通不畅、技术服务体系不完善、政策支持力度不够等，这些问题使得技术创新成果难以有效地转化为生产力，进而影响生态农业的可持续发展。首先，信息沟通不畅是影响技术创新与推广相衔接效果的重要因素。在生态农业技术创新过程中，研究机构、企业、政府部门以及农户等各方参与者之间的信息传递和沟通存在较大困难。这种状况导致了技术创新成果无法及时、准确地传播给农户，从而降低了技术应用的推广速度和推广效果。其次，技术服务体系不健全同样是导致技术创新与推广脱节的一个原因。目前，我国生态农业技术服务体系仍未形成完整、高效、覆盖广泛的网络。这使得农户在采纳新技术时，难以获得及时、专业的技术支持与指导，从而影响了技术应用的广泛推广和深入实施。最后，政策支持力度方面的不足也制约了技术创新与推广的衔接。尽管在政策层面上，我国对生态农业技术创新与推广给予了一定程度的扶持，但与实际需求相比，政策支持力度仍显不足。这在一定程度上导致了技术创新投入不足、研究与开发能力不强以及推广资金不充分等问题，影响了技术创新成果的有效应用和推广普及。

二是生产经营者对生态农业技术有效需求不足。生态农产品生产经营规模的限制使得生产者在技术应用方面存在较低的需求意愿。当经营规模较小，且

生态农业技术的更新对收入的边际收益较低时,生产经营者对利用新技术扩大生产的动力将进一步减弱。此外生产经营者的风险承受能力和风险认知也影响了他们对生态农业技术的有效需求。许多生态农业技术在初期可能需要较大的投入,而且其收益可能在较长的时间内才能显现。这可能超出了生产经营者的风险承受能力,或者与其风险认知不符,从而降低了他们对生态农业技术的需求。

通过进一步调研,本研究发现,生态农业技术应用的上述不足,其主导原因有如下几方面:(1)生态农产品生产经营者对生态农业技术的有效需求缺乏利益驱动机制的激励。当技术应用对收入的边际收益特别是短期边际收益较低时,农户持续提高技术水平的动力将减弱。本研究通过调查访谈发现,生态农产品生产经营者的长期战略定位尚有待提高,其目前阶段仍主要关注短期经济回报。(2)生产经营者的整体教育水平相对较低,对生态农业技术的认知和接受能力有限。农民教育水平偏低,人力资本积累不足,导致其学习和采用新技术的成本增加但预期收益减少,从而使生产经营者对科技有效需求缺乏内在动力。(3)生态农产品生产组织化程度不高,难以承担应用新技术所带来的风险。农业面临自然风险与市场风险,现代农业科技应用能显著提高农业生产抗风险能力。然而,农业新技术投入的成本高、但产量和收益受自然、市场等因素影响较大,加大了生态农业收入的不确定性。此外,生态农产品生产组织化程度低,缺乏有效市场竞争力,加剧了科技应用的市场风险,成为生者经营者接纳和应用新技术的障碍。(4)生态农产品生产经营规模限制了其对农业科技有效需求的强度。当前以合作社为主体的生态农产品生产经营规模较小,难以依据经济合理性原则采用新技术,甚至无法单独采用"规模性技术",难以实现技术应用的规模效应。

二、生态农产品技术支撑体系构建的建议

生态农业技术的研发、推广与应用对于推动农业的可持续发展具有重要意义。为了实现这一目标,政府、企业、研究机构和生产经营者应共同努力,采取一系列措施促进生态农业技术的普及和提高。结合上文对生态农产品技术应用存在的问题与原因的分析,提出如下构建生态农产品技术支撑体系的建议。

第一，制定合理的政策支持和激励机制是推动生态农业技术发展的基石。政府应该针对生态农业技术的特点制定相应政策，例如提供财政补贴、减免税收、设立专项资金等。这些政策将帮助生产经营者降低生态农业技术应用的初始成本，从而提高其应用意愿。此外，这些政策还将为技术创新和研发提供经济保障，为生态农业技术的持续发展创造有利条件。

第二，加强技术推广与培训是提高农民对生态农业技术认知度和接受度的关键环节。为此，政府有关部门应建立完善的技术推广体系，加大对农技人员和生产经营者的培训力度，通过举办各类培训班、示范活动等，帮助他们更加熟悉并掌握生态农业技术。这样不仅有助于提高生态农业技术在农业生产中的应用效率，还将培养一批具备生态农业技术能力的人才，为农业可持续发展提供人力支持。

第三，融合产学研是科技创新的重要途径。鼓励高校、科研院所、企业与合作社协作，形成产学研相结合的创新体系，有助于将科研成果更快地转化为生产力，为农业生产经营者提供技术支持、优化解决方案。这种协同创新将提高生态农业技术的实用性和适应性，促进农业科技与实际生产的深度融合。

第四，强化技术创新与研发是提高生态农业技术水平的关键。在保持生态农业技术研发投入的同时，应关注本地区和农户的实际需求，研发出更具适用性和针对性的生态农业技术。同时，鼓励跨学科、跨领域合作，促进技术创新与突破，拓宽技术的实际应用前景，满足不同地区和作物的需求。

第五，扩大市场需求是确保生态农产品技术投入得到有效回报的重要途径。考虑到生态农产品生产经营的正外部性，无论是生产经营者自身，还是政府和社会，均应通过加强对生态农产品的宣传与推广，提高消费者对生态农产品的认知度和接受度，从而刺激市场需求。此外，应建立健全生态农产品的质量标准和认证体系，以增强消费者对生态农产品的信心，保障消费者权益。上述举措可有效地促进生态农产品技术投入与经济价值实现形成良性循环。

第六，促进农业产业升级是实现农业生产经营者利益最大化的有效手段。有关部门应鼓励农业生产经营者通过采用生态农业技术，实现从传统农业向现代生态农业的转型升级，同时须延伸和拓展农业产业链，为生产经营者提供更多增值空间。这将有利于提高农业产业整体竞争力，实现农业可持续发展。

第八章
生态农产品生产经营环境构建

生态农产品价值实现机制研究

发展生态农业,推进生态农产品价值转化,与生态农产品生产经营环境的支撑紧密相关。生态农产品生产经营环境的重要组成部分包括乡村市场环境构建、土地生产要素保障和生产经营纠纷解决机制构建。乡村市场环境构建需要营造有序、公平、透明的市场竞争环境。土地生产要素保障指确保生产经营者拥有稳定的土地权益进行生态农业开发。生产经营纠纷解决机制构建则指强化契约精神,加强农产品质量监管,确保生产经营纠纷公正、迅速解决。这些措施共同促进生态农产品的生产经营环境优化,推动生态农业可持续发展。

第一节 乡村市场环境构建

根据第七次全国人口普查数据,我国居住在乡村的人口为 50 979 万人,占全国人口的 36.11%(国家统计局 国务院第七次全国人口普查领导小组办公室,2021)。与之相伴,农村居民消费水平的提升以及农村地区向城市提供农产品食品等方面的改善,将成为提升国民生活质量的主要考量。然而,当前我国农村消费环境面临着一系列挑战。其主要表现如下:

一是农村市场秩序相对混乱。这在一定程度上源于多重因素的叠加,包括农民自身缺乏风险预防和自我保护知识,在产品质量知识和维权能力方面存在不足,购买商品时真伪辨别能力较弱,以及农村消费市场相对薄弱的监管力度。上述情况导致农村市场逐渐演变成了假冒伪劣商品的聚集地(杨在军,2008;人民论坛编辑部,2019),严重妨碍了农民的正常合理消费,进而影响到农民在生产经营活动中的价值取向,制约了农民对生态农产品的正向行为态度。

二是产品特色与品牌建设不足。农村产品缺乏差异化,未能适应农民的个性化需求,这在一定程度上制约了农村消费的扩大。代表性消费产品的种类相对较少,进一步加剧了农村市场的同质性。农村产品流通基础设施建设滞后,给产品流通和市场拓展带来了挑战。农村产品流通的方式仍停留在传统模式,集贸市场、小型零售店等仍然是农村产品流通的主要渠道,电子商务发展存在政策落实力度不够、基础设施建设滞后等问题(徐丽艳、郑艳霞,2021)。农村产品售后服务体系不够完善,售后地点通常集中在地级市或县城,这使得农村产品的维修和售后服务相当不便,限制了相关产品消费的进一步发展。上述农村产品特色与品牌建设的不足,对农民进行生态农产品生产经营的增值活动造成负面影响,使生态农产品的市场价值转化缺乏竞争力。

针对农村市场环境的上述问题,政府特别是基层政府可在农村经济中的监督管理和规则制定方面发挥重要作用,维护市场的公平、公开和公正,为农村经济发展创造和谐环境,进而推进生态农产品的生产经营。具体建议如下:

首先,从法律和社会责任两方面推动农村市场环境建设。涉农企业在创造和谐消费环境方面具有重要作用,其营销理念、行为方式和产品质量直接塑造了消费环境。政府应以法律和社会责任为基础,引导涉农企业承担社会责任,优化其营销行为和策略,为营造农村和谐营销环境创造必要条件,进而引导其他农业生产者的绿色生态行为。

其次,加快培育生态农产品供给端。在发展初期且尚不完善的生态农产品市场,政府有必要积极推动并施行强有力的政策支持与补贴。同时,应构建完善的市场一体化发展机制,深化区域间合作。对土地管理制度进行改革,增强其灵活性,促使优势地区得到更大的发展空间。应进一步推进生态补偿机制,建立健全区际利益补偿以及纵向生态补偿机制。在财政方面,应进一步完善转移支付制度,为重点生态功能区、农产品主产区以及困难地区提供有效的财政转移支付补助。

最后,提供与提高市场竞争力有关的培训和技术支持。帮助农户增强市场营销意识、品牌意识和差异化竞争意识,使生态农产品溢价具有可行性,进而推动生态农产品的市场价值转化。如政府可以采用购买服务方式,为农户提供市场营销、品牌建设和差异化竞争等方面的培训课程;此外,还可以协调农业技术专家和市场营销专家,提供技术指导和咨询,帮助农户了解市场需求,优化产品结构,并根据市场反馈进行必要的调整。通过这些培训和技术支持,农户将能够更好地理解市场机制,掌握有效的营销策略,加强自身竞争力,从而更好地适应市场的需求和变化。加强农户的市场意识,培养其技术技能,可以为生态农产品的价值提升和市场推广创造更有利的条件。

第二节 土地生产要素保障

农村土地是重要的生产要素,具有重要的生产功能、生活功能、生态功能,具有巨大的市场价值和发展潜力(Cornia,1985)。同时,土地问题也是"三农"问题的核心议题。土地作为农民最基本的生产资料,是农民满足其生产和生活需求的载体,同时也是农村生态产品发展不可或缺的关键要素,贯穿于农村的农业生产、经营、收入分配以及社会保障体系的始终。因此,建立和完善有效的农地流转制度对于提高生态农产品生产效率,实现社会和谐发展具有极其重要的作用。

自我国实行农村家庭联产承包制以来,许多农户长期稳定地进行家庭承包经营,其通常以分散经营为主,农户之间的土地流转交易因此较少发生。近年来,政府通过在城市和乡村设立农村土地流转服务中心,积极宣传土地流转,坚持在不改变家庭承包经营制度和土地农业用途的前提下,依法根据"平等协商、自愿、依法、有偿"的原则,采取以转包为主,以出租、互换、入股等其他形式为辅的方式,逐步扩大农村土地流转面积。土地流转通过提高农业规模经营效率,对农业的高质量发展水平具有持续的提升效果,进而对经济结构和社会变革产生深远影响(陈宇斌、王森,2022)。尽管如此,在农村地区,土地流转仍存在一些问题。

根据本研究对农户和合作社成员的深入访谈以及相应的问卷调查结果,目前农村农户动态管理使用的土地中,76%采用租赁形式,而荒地申请和自有土地分别占11%,其他形式占2%。这显示了农村土地流转的普遍性。然而,在当前以家庭联产承包责任制为主要生产运作方式的农村地区,实施的主要政策是"包产到户"和"土地自营"。由于相对保守的产权制度,农户只拥有土地的使用经营权,而缺乏土地的处置权,这使得他们无法将土地作为抵押品获得贷款。这种困境限制了农村资金的流通。从以上调查结果中,我们发现农村土地流转存在以下几个主要问题:

一是部分农户土地流转意愿不足。其一定程度上在源自当前农村社会保障制度的不健全，农民担心一旦失去土地，也即失去农业生产的根本生产资料，这种现象在一些年龄较大的农民中更加突出。这类农民往往缺乏转向其他行业的能力，因此失去土地实质上意味着失去了基本的生活保障。这一社会保障的薄弱性在一定程度上限制了土地流转的推进，阻碍了农村产业结构的有效调整。此外，本研究还发现部分农户对于荒地流转亦持有不愿意的态度。在家庭联产承包经营责任制实施后，土地逐渐呈现分散化趋势，许多农户的耕地分布在不同地块，这阻碍了规模化经营的实现。即使大多数农户同意将土地租赁，但极少数不同意流转的农户会造成土地流转效率低下，导致土地流转的复杂性和成本增加，限制了农村土地规模化经营的实现。此外，情感纽带和家族传承等因素也会影响农户对土地流转的态度。农民对土地的情感通常十分深厚，很多农户将土地视为家族的重要遗产，因此不愿意轻易将其流转。这种情感纽带与土地的情感属性交织在一起，对土地流转产生情感上的阻碍。此外，一些农户由于教育水平较低，对市场变化和农业现代化缺乏深刻的理解，难以认识到土地流转将对农业可持续发展和农民收入产生积极影响。这种认知缺失也对土地流转构成障碍。

二是土地流转所需资金问题。对于土地使用需求方而言，农村生态农产品生产受制于气候条件，具有较长的生长周期，且容易受到自然灾害等不可抗力因素的影响，因而生产资金投入较为庞大，产出效益回报较为缓慢且具有较高的风险性等因素，显著增加了资金筹措的困难程度。同时，近年来土地资源愈发稀缺，土地租金水涨船高，从而推高了土地流转价格，这进一步加大了流转土地使用者的生产成本负担，降低了他们参与生态农产品生产的积极性，进而转向投资较少的非生态农产品生产。

三是土地流转市场的中介平台稀缺，缺乏专业中介服务机构且信息滞后。一方面，希望出让土地的农户在寻找适当的流转对象时面临相当大的挑战，这与专业中介机构的缺失密切相关。另一方面，具备一定规模的种植大户、合作社以及龙头企业等主体，尽管具有进行土地流转的意愿，但其与农户进行谈判时往往要付出巨大的时间和精力成本，同时也很难保障土地流转的连片规模化发展。此外，土地流转信息传递的滞后，对土地规模化流转的实现产生制约，进而对我国农村土地流转的速度产生显著的负面影响。

四是土地流转机制不健全。当前农村土地的产权关系较混乱。首先是承包地的产权主体不明确。其次是土地的各种权益十分模糊,各类文件没有明确土地承包经营权的物权属性及土地使用权流转合同的债权属性,没有对土地流转的具体程序、主要形式和价格进行明确规定。最后是土地承包权的性质界定以政策为根据,土地权利的规定还没有完全上升到法律高度。农户间的土地流转多为口头协议,多为农民无组织的自发行为,土地流转程序不规范,没有明确双方的权利和义务,合同条款不具体等,这些都使得农村土地流转过程中存在操作不当的现象,流转双方极易产生纠纷。由于土地流转没有专门立法,在实际执行过程中,相关内容和程序不够明确具体,缺乏可操作性,许多地方出现无法可依的困境。同时,由于典出多门,司法部门在仲裁此类纠纷案件中缺乏权威性,裁定结果往往令纠纷双方不服。目前,农村土地流转存在较大分散性和盲目性,土地资源没有得到合理充分的利用。

随着社会主义市场经济的进一步发展,家庭精耕制度框架下的土地经营方式日益成为限制农村经济发展的瓶颈。在当前背景下,解决现存土地流转问题,优化相关土地流转制度,已成为当务之急。有效提升土地生产力,提高土地流转效率,实现土地资源的高效配置,显得尤为关键。以下是针对上述问题的建议:

首先,政府和相关机构需要对农村土地产权的归属权进行明确界定,建立和完善与农村土地流转相关的法律法规框架。在坚持集体土地所有制的基础上,遵循物权法的基本原则,以完善和改进农村土地产权体系,转变传统的土地流转模式,创新实施与现实需求相契合的新型流转方式。流转交易必须遵循"自愿、互利、平等协商"的原则,完善流转程序,规范合同文本,明确双方的权利义务和法律责任。同时,建立有效的仲裁机制和纠纷解决机制,以保障流转过程中的交易安全性和公平性。农村土地产权应包含使用权、所有权、收益权、处置权等多方面内容,其在产权制度中的具体体现应受到法律保护,以确保其在土地流转过程中发挥应有的有效控制和规范作用,进而保障农民的实际利益,激发农村土地资源优化配置的积极性。

其次,相关机构应积极开展土地流转的宣传。由于农民对土地流转的认知较为匮乏,有关机构应采用多种形式加大宣传力度,让农民从已有成功案例中进行学习和借鉴，以了解如何实现有效的土地流转。这些宣传活动旨在提高农民对土地流转的认知，提高他们参与其中的意愿。

再次，政府有责任建立健全农村土地流转市场体系，积极培育各类土地中介机构，构建农村土地市场，建设完备的土地流转服务体系。相关机构应当推动并扶持各种土地流转中介组织的成长，建立土地流转信息库，发展土地流转管理网络，为流转供需双方提供及时的信息沟通平台。这将有助于建设跨越地域限制的统一的土地流转市场。同时，还应探索并建立适应市场需求的土地流转机制，如科学的地租机制、地价评估体系、流转调节机制等，以推动土地流转进入有序的市场运行轨道。

最后，为促进土地流转，政府可以鼓励社会资本与农民专业合作社合作进行农用土地开发。在政策和制度方面，应明确保障农民对入股土地的长期增值收益权。社会资本与农民专业合作社共同开发农用土地的条件应包括不改变土地所有权和用途等基本要求，同时要确保分散的土地能够被集中管理，以实现统一经营和产业化运作。政府可提供专项扶持资金，为该类项目提供政策和财政上的优惠和支持。

第三节 生产经营纠纷解决机制构建

营商环境的一个重要组成部分是生产者生产经营纠纷的解决机制。对于生态农产品的生产经营者而言，特别是使用流转土地作为生产要素时，土地实际上处于所有权、承包权和经营权三权分置的状态，围绕上述权益可能发生很多纠纷。本部分以流转土地作为生产要素投入的生产经营者为重点研究对象，分析生态农产品生产经营纠纷解决机制。

根据本研究的深度访谈和问卷调查结果，发现生产经营者主要使用村规民俗、法律法规，以及两者并用三种模式来解决生产经营纠纷。其中使用村规民俗方式的约占60%，使用法律途经解决的约占40%，此外还有11%的受访者同时采用了村规民俗和法律途径两种方式。

一是使用村规民俗进行协商和调解。例如在某茶油合作社中，当面临产权纠纷时，他们采取了请村内干部进行调解的方式，在当地解决产权归属问题，随后在必要时进行产权登记。

二是法律法规解决途径。如某脐橙合伙企业在面对产权纠纷时选择启动法律程序，由于其在项目初始阶段已明确进行产权登记，受访者认为这是最为有力的保障措施。

三是村规民俗和法律法规混合途径。以某荷花基地为例，由于该地的土地紧密相连，在涉及农村生态产品经营管理者之间的纠纷时，常常由村干部充当调解人，通过协商来解决。然而，如果问题牵涉农村生态产品经营管理者与周边农家乐经营者之间的纠纷，受访者则会选择启动法律程序以解决争议。受访者主要根据问题的性质和复杂程度，灵活地选择合适的解决途径。

总体而言，在解决土地流转带来的生产经营纠纷问题时，村规民俗和法律法规的应用体现了其各自的优点。运用村规民俗的协商调解，可以迅速解决部分产权争议，从而节约时间和成本。而借助法律法规明确产权，能够在法律框架内确保权益的明晰性与稳定性。这两种方法在不同情境下提供了多元的选择，保障了相关权益人的权益。

根据如上分析，本研究提出如下构建生产经营纠纷解决机制的建议：

一是完善村规民约及其约束机制。本研究在调查研究中发现，在我国传统的人情社会中，相比于法律规定的条条框框，村规民约的集体约束方式更为有效，且可保持人情味，违约者将受到集体排斥与谴责。此外，《中共中央 国务院关于实施乡村振兴战略的意见》中明确提出："要深化村民自治实践，发挥自治章程、村规民约的积极作用。"因此须深入挖掘乡村熟人社会所蕴含的道德规范，在与时代要求相结合的前提下进行创新，加强道德教化作用，引导农民自觉保护乡村生态，建立道德激励约束机制，引导农民实现自我管理、自我教育、自我服务和自我提升。在这些约束机制中，道德激励机制可以通过设置榜单或展示墙来实现。可以在农村人员聚集的地方设置榜单或展示墙，展示相关图片对模范生态行为加以表扬。而对于破坏生态、违反村规的行为，可以设立黑名单，形成道德约束力。

二是推动法治建设。农村法治建设的具体要求包括以下四点：首先，在村民观念方面，要开展"法律进乡村"宣传教育活动，提高农民的法治素养，引导干部和群众尊法、学法、守法和用法;其次,在组织机构方面,要加强乡村人民调解组织的建设,建立健全包括乡村调解、县市仲裁等司法保障的农村土地承包经营纠纷解决机制;再次,在执行服务方面,要建立完善农村公共法律服务体系,加强对农民的法律援助、司法救助和公益法律服务;最后,在平台规范方面,要完善自然资源确权登记制度规范,有序推进统一确权登记,建立农村产权交易平台,加强土地经营权的流转和规模经营的管理服务。

三是建立多元方法融合的纠纷解决机制。政府应更加积极地发挥管理作用,通过规则制定和调解方面的相互融合,推进不同元素协同发展。在规则制定方面,政府既应推动基层法律的制定,确保法律体系的完备,也应引导村规不断完善,以满足实际需要。这种双重机制将法律和村规民约有机结合,为纠纷解决提供了更为灵活和适应性强的选择。在调解方面,政府亦应积极倡导将多种调解方式相融合,使村规和法律不仅成为调解的基础,还能够与传统的人情常理相互交融,形成一种综合性的解决方案。在特定情况下,法律可作为最终的保护手段,确保纠纷得到公正和合法解决。

值得注意的是,多元方法融合的纠纷解决机制的建立需要政府引导和参与,同时也需要社会各界的共同努力。政府可以通过设立专门的机构或平台,促进法律、村规和人情常理的有机交流,推动形成更加普遍适用的纠纷解决模式。此外,加强相关培训和宣传,提高公众对于不同纠纷解决方式的认知和信任,也是非常重要的一步。通过以上种种方式,逐步建立起一个灵活、高效、多元的纠纷解决体系,为社会稳定和谐发展提供有力支撑。

第九章
生态农产品价值实现的政府保障机制

前文主要从农村农户的视角分析了影响其生态产品实现经济价值转化的各大因素,然而笔者在深度访谈和走访调查中发现,从农村农户从事生态产品经济价值转化的初始阶段到后续扩大规模阶段,政府的身影贯穿始终,一直在其中扮演着各种不同的角色,发挥着关键作用。《中共中央 国务院关于加快建设全国统一大市场的意见》提出,要坚持有效市场、有为政府的工作原则,坚持市场化、法治化,充分发挥市场在资源配置中的决定性作用,更好发挥政府作用,强化竞争政策基础地位,加快转变政府职能。为此,本部分将从政府监管、帮扶和中介等三个方面来分析政府在生态产品实现经济价值转化过程中所扮演的角色及其作用。

第一节 政府监管与生态农产品价值实现

Wang 和 Liu（2021）的调查表明,农药滥用在中国仍然很普遍。22%的受访农民使用的农药超过推荐剂量,40%的农民有使用禁用农药的潜在倾向。而 Zhao 等（2018）的研究表明,政府监管能影响农产品质量安全溢价感知,进而为农产品市场的激励提供更好的环境。因此,政府对生态农产品的监管,将有助于提高生态农产品质量和声誉,进而实现生态农产品价值的市场转化。为此本部分基于前述章节的调研结果,进一步围绕生态农产品质量和环保问题,采用访谈和问卷调查相结合的方法,搜集政府监管信息数据。

二次调研过程中,笔者首先通过多次筛查,选定了 8 家成功实现生态农产品生产转型的农户,倾听其对政府监管的见解。同时,向当地环保局咨询政府监管流程和方式。调查和访谈结果表明,45%的农户认为政府对农村生态产品缺乏监管,55%认为存在监管。在这 55%的农户中,认为政府监管严格的占86%,适中的占2%,监管松散的占12%。

上述调研结果表明,在现有的生态农产品生产端,政府监管还存在一定的缺失。而通过市场监督来确保产品的环保性,则存在误差问题且各方的环保标准不一致。因此,政府应强化相关标准政策的制度实施,如限制农药和化肥用量、对农产品的生态环保性进行评级等,建立专门评级机构,为消费者提供数据参考，维护优质农产品，抑制劣质产品，促进市场健康发展。以调研对象中的脐橙生产为例，政府可以检测其农药使用是否超标，对超标者进行惩罚，同时为消费者提供有关健康和有害产品的信息，以推动市场健康发展。对于肉制品，可根据是否投喂饲料来规范价格，以减少饲料投喂，提高农户生态产品生产意愿，保障消费者健康，提升农户利润。

此外，需要在市场终端进一步完善监管体系，以确保生态农产品的质量和环保属性。市场终端监管指对生态农产品的生产、流通、销售环节进行全面的监督，确保产品在各个环节中符合绿色环保标准，让消费者获得可信赖的生态农产品。政府可通过建立有效的监督机制，加大对生态农产品生产经营者的监督力度，确保其在生产经营过程中遵循绿色生态原则。监督可以通过定期检查、抽样检测等方式进行，以确保生态农产品的真实性和合规性。此外，政府还应提高生态农产品经营者的违法成本，以督促生态农产品经营者自觉遵守规则；应加大对违规行为的处罚力度，如对虚假宣传、使用违禁物质等行为进行严厉处罚，促进市场健康发展。同时，也要加强宣传教育，提高生态农产品经营者的绿色环保意识，让他们认识到遵守规则的重要性。

第二节 政府帮扶与生态农产品价值实现

金融机构作为资本供给的主体，其资金分配的流向影响着不同产业的发展，对生态系统有着巨大的影响（Scholtens，2017）。生态农产品对于减少化学农药和化肥的使用、提高生态环境质量、保护生物多样性，具有非常显著的正外部性。但现实中生态农产品难以改善生产者的收入，其市场增值得不到转化（Chen et al.，2021），进而影响生态农业外部资金的进入。为此，本部分重点从金融视角考察政府帮扶对生态农产品价值实现的作用机理。

根据调研访谈和问卷分析结果，生态农产品生产者在启动项目的后期，资金来源主要为自有资金，占比46%；私人民间借贷占比15%；政府资金占比18%；银行信贷资金占比21%。至于生态农产品生产者的筹资顺序，调研对象中的三家脐橙合作社，在后期扩大规模时，首先是自筹资金，包括自有和私人民间信贷资金,后续是银行贷款资金以及合伙人加入后带来的相关资金,最后是政府根据相关农产品政策给予的补助。除此之外,部分地区还存在政府组织建立的相关农产品补助基金等项目,或者是政府对部分符合绿色生态标准的生态产品实施减税或者免税政策。从上述案例中可知,生态农业后续资金的来源主要是银行贷款、政府给予的相关补助以及后期合伙人入股的资金,但前期主要为自有和私人民间信贷资金。上述筹资顺序,符合金融学的优序融资理论(Myers and Majluf,1984),反映了信息不对称仍然制约着生态农业生产者的融资。

在风险管理方面,相对于非生态农产品,生态农产品的生产经营还存在着更高生产风险和市场风险。生态农业生产更依赖天然环境,因此更易受气候、病虫害等影响。此外,生态农产品因在生产过程中不使用或少使用化肥,产量往往不如传统农产品,这也增加了生产风险。就市场风险而言,生态农产品的价格通常高于传统农产品,而消费者对生态农产品的认知和接受程度有限,这就导致生态农产品的市场需求可能不稳定,存在一定的市场风险。本研究的访谈和调查问卷显示,生态农产品的生产经营者主要采用两种方式应对风险:购买保险和留存风险备用金。但是经常对经营业务投保的生产者仅占22%,曾经对经营业务投保的占44%,对经营业务从未投过保的占34%,即约有1/3的生产者从未进行保险对冲风险管理。

根据上述调研结果与分析,本书就政府在生态农业中的金融支持和保险支持,提出以下建议:

一是完善金融支撑体系。为了推动生态农业的发展,政府可从金融政策、金融产品和金融机构等多个层面入手,构建一个全方位、多渠道的金融支持体系。首先,为减轻生态农业生产者的财务压力,政府应提高对此类项目的补贴比例,甚至可以直接提供金融贷款,与此同时,建立生态农业专项基金也是一项必要措施,为那些符合绿色生态标准的农产品提供无息或低息贷款,以鼓励更多的生产者转向生态农业领域。其次,应适时调整农业信贷政策,确保这些政策更能满足生态农业生产者的需求,例如可以延长贷款期限,降低利率,提高贷款额度,简化贷款程序等,以此满足生态农业生产者在扩大规模、升级设备等方面的金融需求;此外,建设新型农村金融机构也是其中至关重要的一环,政府可引导这些金融机构提供农业金融咨询服务和农业金融培训，这样不仅能帮助生态农业生产者更好地解决资金问题，提高金融服务的覆盖面和服务质量，同时也能为制定科学合理的农业策略提供有力的金融支撑。

二是加强生态农产品生产经营保险体系建设。首先须完善农业保险政策，确保生态农业生产经营者能够获得合适的保险产品。这包括提高农业保险补贴比例，降低保费，以及简化保险购买流程，使生产者更容易购买到保险。同时，政府还可以考虑针对生态农业推出专项保险政策，为生产者提供更为精准的保障。其次须丰富保险产品种类，可指导保险公司针对生态农业生产经营的特点，设计和推出更多类型的保险产品，以满足生产者在气候风险、病虫害风险、市场风险等方面的保险需求。此外，保险公司还可以考虑推出多元险种组合，以便生产者根据自身需求进行选择。可推动保险公司与政府、农业技术推广部门、农业合作社等进行多方合作，共同推动生态农业保险体系建设。例如，政府可以和保险公司合作，推广农业保险，降低保险成本；农业技术推广部门可以为保险公司提供专业的技术支持，有针对性地降低生产风险；进一步，由于生态农业面临较高的生产风险和市场风险，政府应提供风险保障，如设立生态农产品价格稳定基金，提供价格保障以降低价格波动风险。最后，须强化农业保险宣传和普及。政府可加大农业保险宣传力度，提高生产者的风险意识和保险意识，鼓励他们购买生态农产品农业保险，以免在遭遇生产风险时损失过大。

第三节 政府中介与生态农产品价值实现

不同参与者之间的互动、联合活动和问题解决对于创新社会的转型发展至关重要。事实上，中介机构在解决信息不对称和资源整合方面起到了重要作用（Leland and Pyle，1977），外界认为其经常参与并推动新兴科学技术的发展（Boon et al.，2011）。政府附属的中介机构可以通过发起和管理新政策或市场流程，以及充当新参与者网络的公正联络点，为可持续发展转型做出重要贡献（Kivimaa，2014）。此外，政府作为特殊中介利用自己特殊的声誉和专业能力，发出具有公信力的"市场信号"，有利于突破市场交易中的信息障碍，弥补市场失灵（程云喜，2010）。基于此，本部分研究政府中介在生态农产品价值实现中的作用。

在生态农产品市场机会识别方面，依据笔者对生态农产品生产经营者的深度访谈和问卷调查分析结果，初始阶段，生态农产品经营者往往以较为简单的目标为出发点。在众多农村生态产品经营管理者中，大部分并未设立长远目标，而是以尝试性态度参与其中，随后逐步扩大经营规模。本研究的统计数据显示，有45%的农户在市场敏锐度提升和机会识别方面得到了政府的引导和协助。相较之下，仅有33%的农户凭借个人经历而成功识别商机，此外，通过亲属介绍参与生态农业经营的农户占比为22%。因此，在发展生态农业的过程中，政府、个人与社会关系三者的互动协同将促进生态农业经营者更加精准地把握市场机遇，进而实现可持续发展。为了进一步提高农户的市场敏锐度和机会识别能力，未来政策制定和实践中应充分考虑这三个方面的相互作用与协同效应。

在生态农产品技术研究方面，传统的手工操作或是过时的技术方法已经无法满足日渐增长的生态农业发展需求。本研究调研8家生态农产品生产转型成功案例发现，其基本上都依赖一线或二线城市，如北京、上海、广州、深圳等地的高新技术以及机械设备。这些领先的技术和设备能够显著地减少人工成本，节约社会资源。然而，由于农村地区的环境相对较封闭，信息的传播和接收能力较为弱，生态农产品生产经营者需要投入大量的信息成本。在8家实现生态农产品生产转型的合作社中，有3家是通过政府这一中介，与相关技术公司进行沟通，从而获得技术来源。考虑到现有生态农产品市场尚不足以支撑市场化的中介组织发展，政府可在生态农业技术的传播推广方面发挥中介作用，降低信息不对称和市场交易成本。具体来说，政府可以组织科技工作者开展科技培训，或者引导和资助科技企业与农户进行技术合作，以提高农户的技术知识水平，增强他们利用和掌握科技的能力。同时，政府还可以通过设置科技信息服务站、开展科技咨询服务等方式，方便农户获取和应用科技信息，促进农业技术的推广和普及。

在生态农业产业融合方面，生态农业的发展还可与旅游产业、制造业有机融合，提高生态农产品附加值，更宽纬度实现生态农产品的价值转化。政府作为一个重要的中介，可关注生态农业与其他产业的有机融合，使生态农业走上可持续发展之路。如调研对象中的某荷花基地,该荷花区由多个农村生态产品经营者生产经营,经营者和地方政府均有意愿扩展产业链,于是地方政府联合生产经营者联合打造该基地。后期,政府还介绍引入荷花基地周边的温泉旅游项目,共同打造荷花旅游和农家乐联合产业链。借鉴上述案例,政府可积极引导生态农产品生产经营者与相关产业企业对接,提高他们对生态农业和相关产业融合的资源整合能力,引导第二和第三产业参与到生态农业的发展中。

在人才方面,人才是第一资源,生态农业的发展离不开生产、技术、管理和营销等方面专业人才的支撑。但是农民受教育水平普遍较低,根据本研究前述的合作社和涉农企业调查结果,农民中初中及以下学历占比近1/3,大专及以上学历仅占6%,难以有效支撑市场化的生态农业产业发展。因此,政府作为中介在激发和引导生态农业人才发展方面可发挥重要作用。政府可以通过教育培训、平台建设等方式,培养和发展生态农业人才。首先,政府可支持、引导人才中介机构开发生态农业市场,组织专家学者开展农业技术培训,通过现场演示、实地操作等方式,帮助农民了解和掌握生态农业的生产技术和管理技能。同时,政府还可以引导农民通过参加职业技术教育和成人教育等途径,提升自身的综合素养,成为新型的农业人才。其次,政府可以通过平台建设的方式,为生态农业人才提供发展的空间和机会。政府可支持和引导建设一批生态农业研究机构、农业技术推广机构和农业人才培训机构,为生态农业人才提供实践和发展的平台。同时,政府还可以举办各种农业科技活动,为生态农业人才提供交流和学习的机会。

第四节 政府角色定位的再思考

公平与效率是政府治理的重要主题,关于公平与效率,二者应当是统一的、互助的,对公平的损害不可避免地也将危及效率(傅子恒,2011)。但是在实际工作中,公平和效率往往需要在一定程度上进行权衡。例如,在资源分配过程中,过度追求公平可能导致资源使用效率低下,而过度追求效率则可能导致资源分配不公。相对而言,政府在推进生态农业和生态农产品价值转化过程中,既是监管者,也是帮扶者和中介者,公平与效率既是政府角色定位的重要原则,也是推动生态农业健康、可持续发展的重要支柱。

一是监管角色。为了确保环保标准得到公平执行,政府需要尽速处理任何可能的违规行为。在生态农业发展的过程中,无论农业生产者的规模大小,经济实力如何,政府都必须对他们进行公平的监管,确保他们都能遵守环保标准进行生产。这就意味着任何违背环保标准的行为,无论其背后的动机如何,无论其规模大小,都将受到相应的处罚。公平的监管不仅能确保所有农业生产者在同一起跑线上公平竞争,而且还可以提高监管的效率,避免因为延误处理违规行为而给生态农业的发展带来不必要的困扰。

二是帮扶角色。政府作为生态农业的帮扶者,需要提供公平的金融支持和高效的保险支持,实现公平抚慰与效率补贴。其中,公平的金融政策可以为所有的生态农业生产者提供必要的资金支持,减小他们在生产过程中可能面临的资金压力。与此同时,高效的保险制度可以为农业生产者提供风险保障,减少他们因为自然灾害或者市场风险而可能遭受的损失。通过这种方式,政府既可以确保农业生产者公平地享受政府的金融和保险帮扶,也能提高帮扶的效率,从而更好地推动生态农业发展。

三是中介角色。政府作为中介需要公平地提供市场信息,以及高效地进行技术研究和产业融合,让公平与效率相链接。在生态农业的发展过程中,政府需要通过公平的市场识别,让所有的生产者都有机会了解市场的最新动态,享受市场的红利。与此同时,政府还需要通过高效的技术研究和产业融合,将最新的技术和产业信息传递给生产者,提高他们的生产效率。通过这种方式,政府既可以确保农业生产者公平地获取市场信息,也能提高信息传递的效率,从而更好地推动生态农业发展。

综合来看,政府在推进生态农业发展过程中对公平与效率的定位,旨在通过公平的监管、帮扶和中介,提高生态农业的发展效率,打造健康、公平、高效的生态农业发展环境。这不仅对推动生态农业可持续发展有积极的促进作用,能够提高消费者对生态农产品的信任度,也有助于最大化生态农产品的价值。因此,政府在推进生态农业发展过程中,既需要公平地对待所有的农业生产者,也需要提高自身的工作效率,以此来推动生态农业的发展。

第十章
研究结论与建议

本书首先对生态农产品价值实现机制、路径、模式进行了理论分析，在对自然资源部办公厅印发的《生态产品价值实现典型案例》中部分与生态农产品相关案例进行分析基础上，分别从生态农产品生产经营者动态能力、经营资金、技术支撑等组织和人才微观层面进行现状分析与理论探索，并进一步对生态农产品生产经营环境构建与生态农产品价值实现的政府保障机制进行研究，提出了推进生态农产品价值实现机制的相关建议。

第一节 研究结论

通过对作为广义生态产品的生态农产品与狭义生态产品的自然生态产品进行比较分析，借鉴生态产品价值实现的生态环境保护者受益、使用者付费、破坏者赔偿的利益导向机制，本书提出生态农产品价值实现机制可更多依托于市场经营开发手段，面向市场，通过生态环境保护者受益、使用者付费机制，辅之以破坏者赔偿机制，形成市场运行加政府监管帮扶的机制框架。具体而言，生态农产品价值实现机制涉及生产要素、市场需求、政策支持、产业链协同等多个方面的保障机制。实现生态农产品价值的关键即在于优化生产要素配置，关注市场需求变化，强化政策支持，推动产业链协同合作。

基于现阶段生态农产品市场发育程度不足的情况，生态农产品价值实现应以政府与市场混合型路径为主，逐步过渡到以市场路径为主导的方式。生态农产品价值实现的具体路径可从技术创新路径、创新商业模式路径和政策支持路径三种路径并行推进。

在生态农产品价值实现的主要商业模式方面，本书分析了合作社、"公司+农户"、垂直整合和直销等模式各自的优缺点和适用范围，并指出由政府牵头形成的生态农产品价值实现垂直整合模式为目前我国主要推进的模式，在政府、农民和合作伙伴风险可控的情况下可成为快速推进生态农产品价值实现的重要模式。

在对生态农产品生产经营者的动态能力进行调研分析的基础上，本书揭示了生产经营者的能力，特别是机会识别、机会捕获以及资源配置能力对于生态农产品价值实现具有重要影响。这些影响不仅体现在生态农产品的生产过程中，也体现在价值实现的过程中。因此，提升生产经营者的动态能力，不仅有助于生态农产品生产的高效进行，也有利于提高生态农产品的市场竞争力。

在对生态农产品生产所需资金的分析中，本书发现其资金来源具有多样性，包括政府补贴、金融机构贷款、自筹资金以及其他不同渠道。然而，尽管资金来源多样，但在实际的生产过程中，生态农产品生产经营者仍然面临着资金短缺的问题。因此，政府和金融机构应加大对生态农产品生产的支持力度，创新金融工具，降低融资成本，以提高生态农产品生产经营者的融资效率。

在技术支撑方面，本书发现，生态农产品生产需要使用现代化、先进的生产技术。引入和推广生物技术、生态工程技术、数字农业技术等高新技术，能够提高生态农产品的生产效率，降低生产成本，推动生态农产品价值的实现。与此同时，加强对生态农产品生产技术的培训，提高生产者的技术水平和环保意识，是促进生态农产品价值实现的重要途径。

在环境构建方面，本书发现，构建完善的市场环境和土地生产要素保障机制是生态农产品价值实现的重要前提。市场环境的构建包括完善生态农产品市场体系、提高消费者对生态农产品的认知度和认同度等。土地生产要素的保障主要涉及土地资源的合理配置以及稳定的土地流转关系等。同时，构建有效的生产经营纠纷解决机制，有助于减少生态农产品生产经营中的不确定性和风险因素，进一步促进生态农产品价值的实现。

在政府保障机制方面，本书发现，政府在生态农产品价值实现过程中起到重要作用。政府应通过制定相应的政策、加强监管以及提供财政补贴等，为生态农产品生产提供有力的保障。同时，政府还应加强与企业、金融机构、科研院所等的合作，共同推动生态农产品产业链的发展。

综上所述，生态农产品价值的实现，需要从生产、销售、市场环境和政府支持等多个环节出发，采取一系列措施。其中，提高生态农产品技术与管理水平，优化销售模式，提高消费者认知度与认同度，加强人才、科技、金融、财政补贴等政策支持等是重要的策略。实施这些措施，有望最大化生态农产品的价值，推动我国生态农业持续发展。

然而，应当指出的是，尽管本书从理论角度对生态农产品价值实现进行了深入探讨，但是未来的研究仍需要结合实践，进一步验证理论分析的合理性。此外，还需关注生态农产品生产经营的区域差异性和行业特点，不断优化生态农产品价值实现的策略与措施，以适应不断变化的市场环境和社会需求。

第二节 发展战略相关建议

当今世界百年未有之大变局加速演进，新一轮科技革命和产业变革深入发展，全球进入"双碳"时代，而逆全球化趋势较为明显，且我国又具有人口老龄化严重、城镇化持续推进等特点。为此，本研究结合当前世界政治、经济和社会的新特点，提出如下推动生态农产品价值实现的建议。

在新一轮科技革命和产业变革的背景下，如何抓住技术创新与扩散的红利期，基于技术前沿推动生态农业产业链迈向现代化、高端化有着重要战略意义。我国生态农产品价值实现的发展战略可秉持以下原则：首先，深入整合和应用人工智能、大数据、区块链、物联网等前沿科技，以更精准地监测农田环境、管理农作物生长，以及追溯生态农产品生产全程，从而提高生产效率、农产品质量和安全性。其次，采用云计算和物联网技术，可以优化生态农产品供应链管理，减少流通环节损耗，保障产品新鲜度，实现其价值最大化。此外还需要注重新技术人才的培养，提升生态农业从业人员的技术素质，为生态农业的发展提供人才保障。

从"双碳"战略的角度看，我国提出了"双碳"目标，即到2030年碳排放达到峰值，到2060年实现碳中和。这是一项具有挑战性的目标，对生态农业提出了更高的要求。应在生产过程中加速推广绿色低碳的生态农业生产方式，使用新型能源，积极开展碳汇林业，提高生态农产品的环保价值。同时要注重生态农产品的全程碳排放管理，确保生态农产品的生产、加工、运输等环节达到碳中和，实现生态农产品价值的最大化。

在全球层面，逆全球化的趋势使得各国更加注重本土产业的保护和发展，生态农业是各国目前普遍关注的焦点。在这种大背景下，我国应积极应对，加强生态农产品的国际合作，推动生态农产品的输出，扩大生态农产品的市场份额，提高其国际竞争力。同时要加强对国际市场的研究，了解国际消费者的消费习惯和需求，提供符合国际市场需求的生态农产品，提高我国生态农产品的国际影响力。

随着中国人口老龄化的加剧，健康养老需求日益凸显。生态农产品以其绿色、健康的特点，正符合老年人群对食品安全、健康生活的需求。因此应把握这一趋势，进一步提升生态农产品的品质，注重产品的营养价值和健康功能，以满足老年人群的消费需求，实现生态农产品的价值。

从城市化的角度看，城市化进程正在快速推动中国社会结构的变迁。农村人口进城，导致了农村人口的流失，这种变化对农业生产方式造成了深远影响，土地集约化管理成为新的生产方式。对此，生态农业模式因具有高效、环保的特性，符合现代农业发展的需求。在这个过程中，需要借助现代科技，推动生态农产品实现规模化、标准化、精细化生产，进而提高生产效率，最大化生态农产品的价值。同时，还需要关注城市化进程中新型城市人口的消费需求，充分利用网络销售平台，提供安全、健康、便捷的生态农产品，满足城市居民的消费需求。

此外，生态文明建设是我国的重要国策，对生态农业的发展具有重大促进作用。生态文明建设的核心是构建以绿色为主色调的发展方式。应以生态文明建设为指引，坚持绿色发展，在推进生态农产品价值实现的过程中，发展生态文明。

上述发展战略的实施，需要政府、企业、农民、科研机构和社会各界的共同参与和努力。政府需要制定相关政策支持生态农业的发展；企业需要提高生态农产品的生产技术和管理水平；科研机构需要持续研发新的生态农业技术；农民需要提升自身生产经营生态农产品的动态能力；社会各界需要提高对生态农产品的认知和接受度。只有这样，才能真正实现生态农产品的价值，推动生态农业持续发展，为建设美丽中国、实现乡村振兴和全面小康社会做出更大的贡献。

参 考 文 献

[1] AGYEKUM F K, REDDY K, WALLACE D, WELLALAGE N H. Does technological inclusion promote financial inclusion among SMEs? Evidence from South-East Asian (SEA) countries [J]. Global Finance Journal, 2022, 53: 100618.

[2] AJZEN I. The theory of planned behavior [J]. Organizational behavior and human decision processes, 1991, 50 (2): 179-211.

[3] AKERLOF G A. The Market for "Lemons": Quality Uncertainty and the Market Mechanism [J]. The Quarterly Journal of Economics, 1970, 84 (3): 488-500.

[4] ALVAREZ S A, BUSENITZ L W. The entrepreneurship of resource-based theory [J]. Journal of Management, 2001, 27 (6): 755-775.

[5] BARNEY J. Firm resources and sustained competitive advantage [J]. Journal of Management, 1991, 17 (1): 99-120.

[6] BOJNEC Š, LATRUFFE L. Measures of farm business efficiency [J]. Industrial Management & Data Systems, 2008, 108 (2): 258-270.

[7] BOON W P C, MOORS E H M, KUHLMANN S, SMITS R E H M. Demand articulation in emerging technologies: Intermediary user organisations as co-producers? [J]. Research policy, 2011, 40 (2): 242-252.

[8] BRIDGE G, BULKELEY H, LANGLEY P, VAN VEELEN B. Pluralizing and problematizing carbon finance [J]. Progress in Human Geography, 2020, 44 (4): 724-742.

[9] BRUNDTLAND G H. Our Common Future World Commission On Environment And Developement [M]. Oxford: Oxford University Press, 1987.

[10] BUCHANAN J M. The constitution of economic policy [J]. Science, 1987, 236 (4807): 1433-1436.

[11] BUI T Q, DO A V P. Does technological inclusion reduce financial constraints on small and medium sized enterprises? The case of Vietnam [J]. Finance Research Letters, 2022 (47): 102534.

[12] CARSON R. Silent spring [C] //Thinking about the environment. Routledge, 2015: 150-155.

[13] CASSMAN K G. Ecological intensification of cereal production systems: yield potential, soil quality, and precision agriculture [J]. Proceedings of the National Academy of Sciences, 1999, 96 (11): 5952-5959.

[14] CHEN J. Rapid urbanization in China: A real challenge to soil protection and food security [J]. Catena, 2007, 69 (1): 1-15.

[15] CHEN J, LOBO A. Organic food products in China: determinants of consumers' purchase intentions [J]. The international review of retail, Distribution and Consumer Research, 2012, 22 (3): 293-314.

[16] CHEN K L, KONG W H, CHEN C C, LIOU J L. Evaluating Benefits of Eco-Agriculture: The Cases of Farms along Taiwan's East Coast in Yilan and Hualien [J]. Sustainability, 2021, 13 (19): 10889.

[17] CHRISTENSEN C M, VERLINDEN M, WESTERMAN G. Disruption, disintegration and the dissipation of differentiability [J]. Industrial and Corporate Change, 2002, 11 (5): 955-993.

[18] CORNIA G A. Farm size, land yields and the agricultural production function: An analysis for fifteen developing countries [J]. World Development, 1985, 13 (4): 513-534.

[19] DUTTA G, GOSWAMI P. Application of drone in agriculture: A review [J]. International Journal of Chemical Studies, 2020, 8 (5): 181-187.

[20] EISENHARDT K M, MARTIN J A. Dynamic capabilities: what are they? [J]. Strategic managementjournal, 2000, 21 (10-11): 1105-1121.

[21] FAZZARI S, HUBBARD R G, PETERSEN B C. Financing constraints

and corporate investment [J]. Brooking Papers on Economic Acitivity, 1988 (1): 141-195.

[22] GOMIERO T, PIMENTEL D, PAOLETTI M G. Environmental impact of different agricultural management practices: conventional vs. organic agriculture [J]. Critical reviews in plant sciences, 2011, 30 (1-2): 95-124.

[23] HAN H. Consumer behavior and environmental sustainability in tourism and hospitality: A review of theories, concepts, and latest research [J]. Journal of Sustainable Tourism, 2021, 29 (7): 1021-1042.

[24] HELFAT C E, PETERAF M A. The dynamic resource-based view: Capability lifecycles [J]. Strategic management journal, 2003, 24 (10): 997-1010.

[25] HELFAT C E, PETERAF M A. Understanding dynamic capabilities: progress along a developmental path [J]. Strategic Organization, 2009, 7 (1): 91-102.

[26] HORLINGS L G, MARSDEN T K. Towards the real green revolution? Exploring the conceptual dimensions of a new ecological modernisation of agriculture that could "feed the world" [J]. Global environmental change, 2011, 21 (2): 441-452.

[27] HORNADAY J A, ABOUD J. Characteristics of successful entrepreneurs [J]. Personnel psychology, 1971, 24 (2): 141-153.

[28] JIA X, HEIDHUES F, ZELLER M. Credit rationing of rural households in China [J]. Agricultural Finance Review, 2010, 70 (1): 37-54.

[29] KIVIMAA P. Government-affiliated intermediary organisations as actors in system-level transitions [J]. Research policy, 2014, 43 (8): 1370-1380.

[30] KORELESKA E. Production and market of ecological product in Poland [C]//International scientific conference RURAL DEVELOPMENT 2017. 2017: 1119-1123.

[31] KORSGAARD S, MüLLER S, TANVIG H W. Rural entrepreneurship or entrepreneurship in the rural-between place and space [J]. International Journal

of Entrepreneurial Behavior & Research, 2015, 21 (1): 5-26.

[32] KRAUS S, SCHIAVONE F, PLUZHNIKOVA A, INVERNIZZI A C. Digital transformation in healthcare: Analyzing the current state-of-research [J]. Journal of Business Research, 2021 (123): 557-567.

[33] LAMINE C. Sustainability and resilience in agrifood systems: Reconnecting agriculture, food and the environment [J]. Sociologia Ruralis, 2015, 55 (1): 41-61.

[34] LEE S M, LEE B. Entrepreneur characteristics and the success of venture exit: an analysis of single-founder start-ups in the US [J]. International Entrepreneurship and Management Journal, 2015 (11): 891-905.

[35] LELAND H E, PYLE D H. Informational asymmetries, financial structure, and financial intermediation [J]. The Journal of Finance, 1977, 32 (2): 371-387.

[36] LI D, ZHAO L, MA S, SHAO S, ZHANG L. What influences an individual's pro-environmental behavior? A literature review [J]. Resources, Conservation and Recycling, 2019 (146): 28-34.

[37] LI M, WANG J, ZHAO P, CHEN K, WU L. Factors affecting the willingness of agricultural green production from the perspective of farmers' perceptions [J]. Science of the Total Environment, 2020 (738): 140289.

[38] LIU G-Y, HE P, WANG Y-Y. Agro-ecological product and its value realization pathway [J]. Ying Yong Sheng tai xue bao = The Journal of Applied Ecology, 2021, 32 (2): 737-749.

[39] LOHR L. Implications of organic certification for market structure and trade [J]. American Journal of Agricultural Economics, 1998, 80 (5): 1125-1129.

[40] MACRAE R, MARTIN R, JUHASZ M, LANGER J. Ten percent organic within 15 years: Policy and program initiatives to advance organic food and farming in Ontario, Canada [J]. Renewable Agriculture and Food Systems, 2009, 24 (2): 120-136.

[41] MAGDOFF F. Ecological agriculture: Principles, practices, and constraints 1 [J]. Renewable Agriculture and Food Systems, 2007, 22 (2): 109 – 117.

[42] MANCHA R M, YODER C Y. Cultural antecedents of green behavioral intent: An environmental theory of planned behavior [J]. Journal of environmental psychology, 2015 (43): 145 – 154.

[43] MEADOWS D H, MEADOWS D L, RANDERS J, BEHRENS W W. The limits to growth [C] // Green planet blues. Routledge, 2018: 25 – 29.

[44] MECCHERI N, PELLONI G. Rural entrepreneurs and institutional assistance: an empirical study from mountainous Italy [J]. Entrepreneurship & Regional Development, 2006, 18 (5): 371 – 392.

[45] MISHRA A K, KHANAL A R, PEDE V O. Is direct seeded rice a boon for economic performance? [J]. Empirical evidence from India. Food Policy, 2017 (73): 10 – 18.

[46] MYERS S C, MAJLUF N S. Corporate financing and investment decisions when firms have information that investors do not have [J]. Journal of Financial Economics, 1984, 13 (2): 187 – 221.

[47] NGUYEN T P L, DOAN X H, NGUYEN T T, NGUYEN T M. Factors affecting Vietnamese farmers' intention toward organic agricultural production [J]. International Journal of Social Economics, 2021, 48 (8): 1213 – 1228.

[48] ONWEZEN M C, ANTONIDES G, BARTELS J. The Norm Activation Model: An exploration of the functions of anticipated pride and guilt in pro – environmental behaviour [J]. Journal of economic psychology, 2013 (39): 141 – 153.

[49] OTTMAN J A, STAFFORD E R, HARTMAN C L. Avoiding green marketing myopia: Ways to improve consumer appeal for environmentally preferable products [J]. Environment: science and policy for sustainable development, 2006, 48 (5): 22 – 36.

[50] PAUL J, MODI A, PATEL J. Predicting green product consumption using theory of planned behavior and reasoned action [J]. Journal of retailing and con-

sumer services, 2016 (29): 123 – 134.

［51］PETRESCU D C, VERMEIR I, PETRESCU – MAG R M. Consumer understanding of food quality, healthiness, and environmental impact: A cross – national perspective ［J］. International Journal of Environmental Research and Public Health, 2020, 17 (1): 169.

［52］POLIMENI J M, IORGULESCU R I, MIHNEA A. Understanding consumer motivations for buying sustainable agricultural products at Romanian farmers markets ［J］. Journal of Cleaner Production, 2018 (184): 586 – 597.

［53］PORTER M E, MILLAR V E. How information gives you competitive advantage ［J］. Harvard Business Review, 1985, 63 (4): 149 – 160.

［54］PROTOGEROU A, CALOGHIROU Y, LIOUKAS S. Dynamic capabilities and their indirect impact on firm performance ［J］. Industrial and Corporate Change, 2012, 21 (3): 615 – 647.

［55］PYYSIÄINEN J, ANDERSON A, MCELWEE G, VESALA K. Developing the entrepreneurial skills of farmers: some myths explored ［J］. International Journal of Entrepreneurial Behavior & Research, 2006, 12 (1): 21 – 39.

［56］RASUL G, THAPA G B. Sustainability of ecological and conventional agricultural systems in Bangladesh: an assessment based on environmental, economic and social perspectives ［J］. Agricultural systems, 2004, 79 (3): 327 – 351.

［57］REINHARDT F L. Environmental product differentiation: Implications for corporate strategy ［J］. California Management Review, 1998, 40 (4): 43 – 73.

［58］SAIF H A, GHANIA U. Need for achievement as a predictor of entrepreneurial behavior: The mediating role of entrepreneurial passion for founding and entrepreneurial interest ［J］. International Review of Management and Marketing, 2020, 10 (1): 40.

［59］SAVARI M, GHARECHAEE H. Application of the extended theory of planned behavior to predict Iranian farmers' intention for safe use of chemical fertilizers ［J］. Journal of Cleaner Production, 2020 (263): 121512.

［60］SCHERR S J, MCNEELY J A. Biodiversity conservation and agricultural sustainability: towards a new paradigm of "ecoagriculture" landscapes [J]. Philosophical Transactions of the Royal Society B: Biological Sciences, 2008, 363 (1491): 477-494.

[61] SCHIAVON O P, MAY M R, MENDONÇA A T B B D. Dynamic capabilities and business model innovation in sustainable family farming [J]. Innovation & Management Review, 2022, 19 (3): 252-265.

[62] SCHILLER K J, KLERKX L, POORTVLIET P M, GODEK W. Exploring barriers to the agroecological transition in Nicaragua: A Technological Innovation Systems Approach [J]. Agroecology and Sustainable Food Systems, 2020, 44 (1): 88-132.

[63] SCHOLTENS B. Why finance should care about ecology [J]. Trends in Ecology & Evolution, 2017, 32 (7): 500-505.

[64] SCHWARTZ S H. Normative influences on altruism [C] // Advances in experimental social psychology. Elsevier, 1977: 221-279.

[65] SCOTT S, SI Z, SCHUMILAS T, CHEN A. Contradictions in state- and civil society-driven developments in China's ecological agriculture sector [J]. Food Policy, 2014 (45): 158-166.

[66] SHANMUGAPRIYA P, RATHIKA S, RAMESH T, JANAKI P. Applications of remote sensing in agriculture-A Review [J]. International Journal of Current Microbiology and Applied Sciences, 2019, 8 (1): 2270-2283.

[67] SHEN H, LIU Z, XIONG K, LI L. A study revelation on market and value-realization of ecological product to the control of rocky desertification in south China karst [J]. Sustainability, 2022, 14 (5): 3060.

[68] SHERRICK B J, BARRY P J, ELLINGER P N. Valuation of credit risk in agricultural mortgages [J]. American Journal of Agricultural Economics, 2000, 82 (1): 71-81.

[69] SIVARAJAH U, KAMAL M M, IRANI Z, WEERAKKODY V. Critical analysis of Big Data challenges and analytical methods [J]. Journal of Business Research, 2017 (70): 263-286.

[70] SMITH R, MCELWEE G. Confronting social constructions of rural criminality: A case story on "illegal pluriactivity" in the farming community [J]. Sociologia Ruralis, 2013, 53 (1): 112 – 134.

[71] STATHOPOULOU S, PSALTOPOULOS D, SKURAS D. Rural entrepreneurship in Europe: a research framework and agenda [J]. International Journal of Entrepreneurial Behavior & Research, 2004, 10 (6): 404 – 425.

[72] STIGLITZ J E, WEISS A. Credit rationing in markets with imperfect information [J]. The American Economic Review, 1981, 71 (3): 393 – 410.

[73] TAPSCOTT A, TAPSCOTT D. How blockchain is changing finance [J]. Harvard Business Review, 2017, 1 (9): 2 – 5.

[74] TEECE D J. Explicating dynamic capabilities: the nature and microfoundations of (sustainable) enterprise performance [J]. Strategic management journal, 2007, 28 (13): 1319 – 1350.

[75] TEECE D J, PISANO G, SHUEN A. Dynamic capabilities and strategic management [J]. Strategic management journal, 1997, 18 (7): 509 – 533.

[76] TILMAN D, CLARK M. Global diets link environmental sustainability and humanhealth [J]. Nature, 2014, 515 (7528): 518 – 522.

[77] TUREAC C E, TURTUREANU A G, BORDEAN I, GRIGORE A, MODIGA G, PRIPOIE R. Ecological food products – general considerations on green marketing [J]. International Multidisciplinary Scientific GeoConference: SGEM, 2010 (2): 529.

[78] WANG C, LIU W. Farmers' attitudes vs. government supervision: which one has a more significant impact on farmers' pesticide use in China? [J]. International Journal of Agricultural Sustainability, 2021, 19 (2): 213 – 226.

[79] WILDEN R, DEVINNEY T M, DOWLING G R. The architecture of dynamic capability research identifying the building blocks of a configurational approach [J]. Academy of management annals, 2016, 10 (1): 997 – 1076.

[80] XIONG H, DALHAUS T, WANG P, HUANG J. Blockchain technology for agriculture: applications and rationale [J]. frontiers in Blockchain, 2020,

3:7.

[81] YANG X, ZHOU X, DENG X. Modeling farmers' adoption of low-carbon agricultural technology in Jianghan Plain, China: An examination of the theory of planned behavior [J]. Technological Forecasting and Social Change, 2022, (180): 121726.

[82] YU L, ARTZ G M. Does rural entrepreneurship pay? [J]. Small Business Economics, 2019 (53): 647-668.

[83] ZAHRA S A. Contextualizing theory building in entrepreneurship research [J]. Journal of Business venturing, 2007, 22 (3): 443-452.

[84] ZAHRA S A, GEORGE G. Absorptive Capacity: A Review, Reconceptualization and Extension [J]. Academy of Management Review, 2002, 27 (2): 185-203.

[85] ZAHRA S A, SAPIENZA H J, DAVIDSSON P. Entrepreneurship and dynamic capabilities: A review, model and research agenda [J]. Journal of management studies, 2006, 43 (4): 917-955.

[86] ZHAO L, WANG C, GU H, YUE C. Market incentive, government regulation and the behavior of pesticide application of vegetable farmers in China [J]. Food Control, 2018 (85): 308-317.

[87] ZOLLO M, WINTER S G. Deliberate learning and the evolution of dynamic capabilities [J]. Organization science, 2002, 13 (3): 339-351.

[88] 蔡军, 王彬彬. 我国生态农业经营模式创新 [J]. 农村经济, 2016, (8): 35-39.

[89] 曾国华. 城乡认同与"原生态"农产品的在线销售:"互联网+"创业、媒介实践与私人生活的商品化 [J]. 思想战线, 2019, 45 (4): 42-51.

[90] 曾蕾. 引领绿色金融服务乡村振兴 坚定不移走生态优先、绿色发展之路: 专访中国农业银行党委委员、副行长张旭光 [EB/OL]. (2022-11-01) [2022-11-25]. https://baijiahao.baidu.com/s?id=1748255659379697864&wfr=spider&for=pc.

[91] 曾贤刚, 虞慧怡, 谢芳. 生态产品的概念、分类及其市场化供给机

制[J]. 中国人口·资源与环境, 2014, 24 (7): 12-17.

[92] 陈小龙, 张小会. 生态时代背景下我国绿色农产品转型升级研究[J]. 河南农业, 2022 (7): 55-57.

[93] 陈晓红, 李喜华, 曹裕. 创业知识资本与企业绩效关系研究[J]. 科学学研究, 2009, 27 (5): 759-764.

[94] 陈宇斌, 王森. 土地流转政策对农业高质量发展的影响: 基于连续型 DID 的实证分析[J]. 当代经济管理, 2022, 44 (2): 49-57.

[95] 程存旺, 周华东, 石嫣, 等. 多元主体参与、生态农产品与信任: "小毛驴市民农园"参与式试验研究分析报告[J]. 兰州学刊, 2011 (12): 54-60.

[96] 程云喜. 企业自主创新的困惑及政府中介效率[J]. 工业技术经济, 2010, 29 (5): 74-76.

[97] 戴桂林, 卜凡. 基于供求视角的生态农产品市场开拓策略分析[J]. 山东经济, 2009, 25 (3): 49-54.

[98] 董晓东. 生态农产品的集群品牌营销策略实施研究[J]. 商业经济研究, 2017 (6): 46-47.

[99] 范明, 肖璐. 基于社会网络视角的大学生村官创业意愿研究[J]. 农业经济问题, 2012, 33 (5): 82-87, 112.

[100] 方行明, 魏静, 郭丽丽. 可持续发展理论的反思与重构[J]. 经济学家, 2017 (3): 24-31.

[101] 冯晓阳. 农村文化的现状及发展对策: 基于传统与现代、城市与农村之间[J]. 理论月刊, 2010 (12): 168-171.

[102] 傅子恒. 经济学边界、市场作用、政府治理、公平与效率新解: 理论经济学四个命题的深层次思考[J]. 现代财经(天津财经大学学报), 2011, 31 (7): 5-16.

[103] 国家发展与改革委员会规划司. "十四五"规划《纲要》名词解释之174: 生态产品价值实现机制[EB/OL]. (2021-12-24) [2022-05-21]. https://www.ndrc.gov.cn/fggz/fzzlgh/gjfzgh/202112/t20211224_1309440.html?state=123.

[104] 国家统计局,国务院第七次全国人口普查领导小组办公室. 第七次全国人口普查公报（第七号）[EB/OL]. (2021 – 05 – 11) [2022 – 10 – 05]. https://www.gov.cn/xinwen/2021 – 05/11/content_ 5605791. htm.

[105] 黄琬迦. 基于钻石定位模型的 SW 公司生态农产品电商平台市场定位研究 [D]. 绵阳:西南科技大学,2020.

[106] 李福夺,尹昌斌. 消费动机、消费习惯对生态农产品溢价支付意愿的影响:以绿肥稻米为例 [J]. 中国生态农业学报（中英文）,2022,30 (11):1877 – 1890.

[107] 李海霞. 生态农产品营销对接循环经济的创新模式探索 [J]. 农业经济,2019 (9):138 – 139.

[108] 李剑富,江珊. 环境约束下大学生村官创业倾向的影响因素研究 [J]. 农林经济管理学报,2018,17 (2):210 – 217.

[109] 李静. 基于循环经济的生态农产品营销策略研究 [J]. 农业经济,2017 (6):133 – 134.

[110] 李丽荣. 农村合作社在新农村建设中的重要作用研究 [J]. 食品研究与开发,2020,41 (16):243.

[111] 李凌汉. 农村合作社驱动农业技术跨区域扩散:逻辑机理、影响因素与实践探讨 [J]. 湖湘论坛,2021,34 (1):93 – 106.

[112] 李铜山,黄延龙. 增加农业生态产品供给:现状、障碍及对策 [J]. 中州学刊,2020 (12):38 – 43.

[113] 李文东,杨立刚,鲁明中. 生态农产品生产激励机制的经济分析 [J]. 生态经济,2005 (10):175 – 178.

[114] 李宇亮,陈克亮. 生态产品价值形成过程和分类实现途径探析 [J]. 生态经济,2021,37 (8):157 – 162.

[115] 李忠. 长江经济带生态产品价值实现路径研究 [J]. 宏观经济研究,2020 (1):124 – 128,163.

[116] 梁志会,张露,张俊飚,等. 基于 MOA 理论消费者绿色农产品溢价支付意愿驱动路径分析:以大米为例 [J]. 中国农业资源与区划,2020,41 (1):30 – 37.

[117] 凌海波. 高效生态农业发展的金融需求及服务创新 [J]. 农村金融研究, 2016 (6): 66-70.

[118] 刘加珍, 陈永金, 吕福堂, 等. 欠发达地区发展生态农产品的制约因素与对策: 以山东省聊城市为例 [J]. 南方农业学报, 2013, 44 (4): 701-706.

[119] 刘增金, 李秉龙. 牛肉可追溯体系参与企业与农户的利益关系分析: 基于"公司+农户"模式的案例 [J]. 农村经济, 2014 (4): 60-64.

[120] 刘志侃, 唐萍萍. 农村生源大学生返乡创业意愿与影响因素研究: 基于陕西省10所高校的调查分析 [J]. 调研世界, 2014 (7): 30-35.

[121] 陆建珍, 徐雪高, 汪翔. 我国农业科技成果转化的现状、问题及对策 [J]. 江苏农业科学, 2021, 49 (17): 238-242.

[122] 孟召博, 张延飞. 供给侧改革视角下的江西省生态农产品供需路径研究 [J]. 安徽农业科学, 2020, 48 (10): 244-245, 248.

[123] 农业农村部办公厅. 推进生态农场建设的指导意见[EB/OL]. (2022-02-10)[2022-05-07]. https://www.gov.cn/zhengce/zhengceku/2022-02/10/content_5672847.htm.

[124] 秦炳涛. 日本生态农业发展策略探析 [J]. 农业经济问题, 2015, 36 (6): 104-109.

[125] 人民论坛编辑部. 如何根治农村的假冒伪劣商品 [J]. 人民论坛, 2019 (18): 64.

[126] 瑞士有机农业研究所, 国际有机联盟 I. 2022年世界有机农业概况与趋势预测 [M]. 北京: 中国农业科学技术出版社, 2022.

[127] 尚杰, 吉雪强, 陈玺名. 区块链与生态农业产业链结合: 机理、机遇与对策 [J]. 农村经济, 2021 (1): 119-125.

[128] 史豪慧. 增进消费者购买意愿的生态农产品品牌传播模式研析 [J]. 商业经济研究, 2015 (36): 52-53.

[129] 孙同全. 完善农村普惠金融体系 促进农民农村共同富裕 [J]. 农业发展与金融, 2022 (5): 9-13.

[130] 唐辉, 杨海莺. 论"五位一体"总体布局中的生态文明建设: 学习

习近平生态文明思想［J］．社会主义研究，2022（5）：9-16．

［131］陶珊珊，肖凡．乡村治理现代化：治理机制、关键领域与经验供给：第四届中国县域治理高层论坛会议综述［J］．湖北民族大学学报（哲学社会科学版），2020，38（2）：44-49．

［132］王伯庆，陈永红．就业蓝皮书：2019年中国本科生就业报告［M］．北京：社会科学文献出版社，2019．

［133］王丽敏．"两山论"的理论渊源及其实践路径［J］．理论月刊，2020（11）：11-18．

［134］王少峰．"两山"理论指导绿色发展［J］．前线，2019（3）：14-17．

［135］翁贞林，张梦玲，刘馨怡．创业支持对农民大学生创业意愿的影响机理：基于创业自我效能感的中介效应［J］．湖南农业大学学报（社会科学版），2019，20（1）：82-88．

［136］吴雯婷．乡村振兴背景下生态农产品购买意愿分析［J］．安徽农业大学学报（社会科学版），2021，30（6）：49-55．

［137］吴溪溪，吴南南，马红玉．社会资本、创业自我效能感与农民工创业绩效研究：基于陕西省722份调研问卷［J］．世界农业，2020（1）：108-117．

［138］徐丽艳，郑艳霞．农村电子商务助力乡村振兴的路径分析［J］．中国社会科学院研究生院学报，2021（2）：109-120．

［139］徐双溪，梁振东．生态农产品的价值实现逻辑："两山"价值转化机制的一种解读［J］．重庆科技学院学报（社会科学版），2022（6）：44-50．

［140］严明清．进一步完善我国生态农产品法制建设的思考［J］．科技进步与对策，2003，20（11）：55-56．

［141］杨爱君，范志方．论生态农产品与电商扶贫耦合发展的可能性：以贵州省为例［J］．贵州大学学报（社会科学版），2020，38（1）：73-81．

［142］杨莉，刘海燕．习近平"两山理论"的科学内涵及思维能力的分析［J］．自然辩证法研究，2019，35（10）：107-111．

［143］杨在军．二元结构的农村假冒伪劣市场及其治理［J］．中国经济问题，2008（1）：37-43．

［144］叶有华，肖冰，冯宏娟，等．乡村振兴视域下的生态产品价值实现

模式路径研究［J］．生态环境学报，2022，31（2）：421-428．

［145］殷浩栋，霍鹏，汪三贵．农业农村数字化转型：现实表征、影响机理与推进策略［J］．改革，2020（12）：48-56．

［146］张强，王洪亮，袁留闯．权益流动性对战略性新兴产业创新的影响：基于融资约束视角［J］．经济经纬，2019，36（3）：142-149．

［147］张晓娟．农产品品牌传播方式对消费者购买意愿的影响研究：基于农产品品牌生态定位视角［J］．中国地质大学学报（社会科学版），2013，13（5）：56-63，139．

［148］张孝德．"两山"理论：生态文明新思维新战略新突破［J］．人民论坛，2017（25）：66-68．

［149］张雪梅，吴凤娇．基于钻石模型的福建省生态农业竞争力研究［J］．经济经纬，2007（4）：59-62．

［150］张志平．涉农专业大学生农村创业能力培育的路径［J］．高等农业教育，2014（5）：58-61．

［151］郑周胜．"两山"理论：推动生态产品价值实现的理论基石［J］．甘肃金融，2021（5）：1．

［152］中国农业绿色发展研究会，中国农业科学院农业资源与农业区划研究．中国农业绿色发展报告2021［M］．北京：中国农业出版社，2022．

［153］周成军．农村籍大学生返乡创业社会融入研究［J］．教育评论，2017（2）：79-83．

［154］周思思，周发明．基于4P理论的生态农产品营销困境与对策［J］．农业经济，2020（8）：130-132．

［155］周一虹，元庆洁．基于甘肃典型案例的生态产品价值实现研究［J］．会计之友，2022（6）：151-154．

［156］朱彪．我国生态农产品的集群品牌营销发展策略研究［J］．农业经济，2019（5）：137-138．

［157］朱明．循环经济视域下生态农产品营销体系构建模式研究［J］．农业经济，2019（7）：139-140．

生态农产品价值实现机制研究

附 录

附录1　中共中央办公厅　国务院办公厅印发《关于建立健全生态产品价值实现机制的意见》

本部分收录2021年中共中央办公厅、国务院办公厅印发《关于建立健全生态产品价值实现机制的意见》的全文。

建立健全生态产品价值实现机制,是贯彻落实习近平生态文明思想的重要举措,是践行绿水青山就是金山银山理念的关键路径,是从源头上推动生态环境领域国家治理体系和治理能力现代化的必然要求,对推动经济社会发展全面绿色转型具有重要意义。为加快推动建立健全生态产品价值实现机制,走出一条生态优先、绿色发展的新路子,现提出如下意见。

一、总体要求

（一）指导思想

以习近平新时代中国特色社会主义思想为指导,全面贯彻党的十九大和十九届二中、三中、四中、五中全会精神,深入贯彻习近平生态文明思想,按照党中央、国务院决策部署,统筹推进"五位一体"总体布局,协调推进"四个全面"战略布局,立足新发展阶段、贯彻新发展理念、构建新发展格局,坚持绿水青山就是金山银山理念,坚持保护生态环境就是保护生产力、改善生态环境就是发展生产力，以体制机制改革创新为核心，推进生态产业化和产业生态化，加快完善政府主导、企业和社会各界参与、市场化运作、可持续的生态产品价值实现路径，着力构建绿水青山转化为金山银山的政策制度体系，推动形成具有中国特色的生态文明建设新模式。

（二）工作原则

——保护优先、合理利用。尊重自然、顺应自然、保护自然，守住自然生态安全边界，彻底摒弃以牺牲生态环境换取一时一地经济增长的做法，坚持以保障自然生态系统休养生息为基础，增值自然资本，厚植生态产品价值。

——政府主导、市场运作。充分考虑不同生态产品价值实现路径，注重发挥政府在制度设计、经济补偿、绩效考核和营造社会氛围等方面的主导作用，充分发挥市场在资源配置中的决定性作用，推动生态产品价值有效转化。

——系统谋划、稳步推进。坚持系统观念，搞好顶层设计，先建立机制，再试点推开，根据各种生态产品价值实现的难易程度，分类施策、因地制宜、循序渐进推进各项工作。

——支持创新、鼓励探索。开展政策制度创新试验，允许试错、及时纠错、宽容失败，保护改革积极性，破解现行制度框架体系下深层次瓶颈制约，及时总结推广典型案例和经验做法，以点带面形成示范效应，保障改革试验取得实效。

（三）战略取向

——培育经济高质量发展新动力。积极提供更多优质生态产品满足人民日益增长的优美生态环境需要，深化生态产品供给侧结构性改革，不断丰富生态产品价值实现路径，培育绿色转型发展的新业态新模式，让良好生态环境成为经济社会持续健康发展的有力支撑。

——塑造城乡区域协调发展新格局。精准对接、更好满足人民差异化的美好生活需要，带动广大农村地区发挥生态优势就地就近致富、形成良性发展机制，让提供生态产品的地区和提供农产品、工业产品、服务产品的地区同步基本实现现代化，人民群众享有基本相当的生活水平。

——引领保护修复生态环境新风尚。建立生态环境保护者受益、使用者付费、破坏者赔偿的利益导向机制,让各方面真正认识到绿水青山就是金山银山,倒逼、引导形成以绿色为底色的经济发展方式和经济结构,激励各地提升生态产品供给能力和水平,营造各方共同参与生态环境保护修复的良好氛围,提升保护修复生态环境的思想自觉和行动自觉。

——打造人与自然和谐共生新方案。通过体制机制改革创新,率先走出一条生态环境保护和经济发展相互促进、相得益彰的中国道路,更好彰显我国作为全球生态文明建设重要参与者、贡献者、引领者的大国责任担当,为构建人类命运共同体、解决全球性环境问题提供中国智慧和中国方案。

(四)主要目标

到 2025 年,生态产品价值实现的制度框架初步形成,比较科学的生态产品价值核算体系初步建立,生态保护补偿和生态环境损害赔偿政策制度逐步完善,生态产品价值实现的政府考核评估机制初步形成,生态产品"难度量、难抵押、难交易、难变现"等问题得到有效解决,保护生态环境的利益导向机制基本形成,生态优势转化为经济优势的能力明显增强。到 2035 年,完善的生态产品价值实现机制全面建立,具有中国特色的生态文明建设新模式全面形成,广泛形成绿色生产生活方式,为基本实现美丽中国建设目标提供有力支撑。

二、建立生态产品调查监测机制

(五)推进自然资源确权登记

健全自然资源确权登记制度规范,有序推进统一确权登记,清晰界定自然资源资产产权主体,划清所有权和使用权边界。丰富自然资源资产使用权类型,合理界定出让、转让、出租、抵押、入股等权责归属,依托自然资源统一确权登记明确生态产品权责归属。

(六)开展生态产品信息普查

基于现有自然资源和生态环境调查监测体系,利用网格化监测手段,开展生态产品基础信息调查，摸清各类生态产品数量、质量等底数，形成生态产品目录清单。建立生态产品动态监测制度，及时跟踪掌握生态产品数量分布、质量等级、功能特点、权益归属、保护和开发利用情况等信息，建立开放共享的生态产品信息云平台。

三、建立生态产品价值评价机制

（七）建立生态产品价值评价体系

针对生态产品价值实现的不同路径，探索构建行政区域单元生态产品总值和特定地域单元生态产品价值评价体系。考虑不同类型生态系统功能属性，体现生态产品数量和质量，建立覆盖各级行政区域的生态产品总值统计制度。探索将生态产品价值核算基础数据纳入国民经济核算体系。考虑不同类型生态产品商品属性，建立反映生态产品保护和开发成本的价值核算方法，探索建立体现市场供需关系的生态产品价格形成机制。

（八）制定生态产品价值核算规范

鼓励地方先行开展以生态产品实物量为重点的生态价值核算，再通过市场交易、经济补偿等手段，探索不同类型生态产品经济价值核算，逐步修正完善核算办法。在总结各地价值核算实践基础上，探索制定生态产品价值核算规范，明确生态产品价值核算指标体系、具体算法、数据来源和统计口径等，推进生态产品价值核算标准化。

（九）推动生态产品价值核算结果应用

推进生态产品价值核算结果在政府决策和绩效考核评价中的应用。探索在编制各类规划和实施工程项目建设时，结合生态产品实物量和价值核算结果采取必要的补偿措施，确保生态产品保值增值。推动生态产品价值核算结果在生态保护补偿、生态环境损害赔偿、经营开发融资、生态资源权益交易等方面的应用。建立生态产品价值核算结果发布制度，适时评估各地生态保护成效和生态产品价值。

四、健全生态产品经营开发机制

（十）推进生态产品供需精准对接

推动生态产品交易中心建设，定期举办生态产品推介博览会，组织开展生态产品线上云交易、云招商，推进生态产品供给方与需求方、资源方与投资方高效对接。通过新闻媒体和互联网等渠道，加大生态产品宣传推介力度，提升生态产品的社会关注度，扩大经营开发收益和市场份额。加强和规范平台管理，发挥电商平台资源、渠道优势，推进更多优质生态产品以便捷的渠道和方式开展交易。

（十一）拓展生态产品价值实现模式

在严格保护生态环境前提下，鼓励采取多样化模式和路径，科学合理推动生态产品价值实现。依托不同地区独特的自然禀赋，采取人放天养、自繁自养等原生态种养模式，提高生态产品价值。科学运用先进技术实施精深加工，拓展延伸生态产品产业链和价值链。依托洁净水源、清洁空气、适宜气候等自然本底条件，适度发展数字经济、洁净医药、电子元器件等环境敏感型产业，推动生态优势转化为产业优势。依托优美自然风光、历史文化遗存，引进专业设计、运营团队，在最大限度减少人为扰动前提下，打造旅游与康养休闲融合发展的生态旅游开发模式。加快培育生态产品市场经营开发主体，鼓励盘活废弃矿山、工业遗址、古旧村落等存量资源，推进相关资源权益集中流转经营，通过统筹实施生态环境系统整治和配套设施建设，提升教育文化旅游开发价值。

（十二）促进生态产品价值增值

鼓励打造特色鲜明的生态产品区域公用品牌，将各类生态产品纳入品牌范围，加强品牌培育和保护，提升生态产品溢价。建立和规范生态产品认证评价标准，构建具有中国特色的生态产品认证体系。推动生态产品认证国际互认。建立生态产品质量追溯机制，健全生态产品交易流通全过程监督体系，推进区块链等新技术应用，实现生态产品信息可查询、质量可追溯、责任可追查。鼓励将生态环境保护修复与生态产品经营开发权益挂钩，对开展荒山荒地、黑臭水体、石漠化等综合整治的社会主体,在保障生态效益和依法依规前提下,允许利用一定比例的土地发展生态农业、生态旅游获取收益。鼓励实行农民入股分红模式,保障参与生态产品经营开发的村民利益。对开展生态产品价值实现机制探索的地区,鼓励采取多种措施,加大对必要的交通、能源等基础设施和基本公共服务设施建设的支持力度。

(十三)推动生态资源权益交易

鼓励通过政府管控或设定限额,探索绿化增量责任指标交易、清水增量责任指标交易等方式,合法合规开展森林覆盖率等资源权益指标交易。健全碳排放权交易机制,探索碳汇权益交易试点。健全排污权有偿使用制度,拓展排污权交易的污染物交易种类和交易地区。探索建立用能权交易机制。探索在长江、黄河等重点流域创新完善水权交易机制。

五、健全生态产品保护补偿机制

(十四)完善纵向生态保护补偿制度

中央和省级财政参照生态产品价值核算结果、生态保护红线面积等因素,完善重点生态功能区转移支付资金分配机制。鼓励地方政府在依法依规前提下统筹生态领域转移支付资金,通过设立市场化产业发展基金等方式,支持基于生态环境系统性保护修复的生态产品价值实现工程建设。探索通过发行企业生态债券和社会捐助等方式,拓宽生态保护补偿资金渠道。通过设立符合实际需要的生态公益岗位等方式,对主要提供生态产品地区的居民实施生态补偿。

(十五)建立横向生态保护补偿机制

鼓励生态产品供给地和受益地按照自愿协商原则,综合考虑生态产品价值核算结果、生态产品实物量及质量等因素,开展横向生态保护补偿。支持在符合条件的重点流域依据出入境断面水量和水质监测结果等开展横向生态保护补偿。探索异地开发补偿模式,在生态产品供给地和受益地之间相互建立合作园区,健全利益分配和风险分担机制。

（十六）健全生态环境损害赔偿制度

推进生态环境损害成本内部化，加强生态环境修复与损害赔偿的执行和监督，完善生态环境损害行政执法与司法衔接机制，提高破坏生态环境违法成本。完善污水、垃圾处理收费机制，合理制定和调整收费标准。开展生态环境损害评估，健全生态环境损害鉴定评估方法和实施机制。

六、健全生态产品价值实现保障机制

（十七）建立生态产品价值考核机制

探索将生态产品总值指标纳入各省（自治区、直辖市）党委和政府高质量发展综合绩效评价。推动落实在以提供生态产品为主的重点生态功能区取消经济发展类指标考核，重点考核生态产品供给能力、环境质量提升、生态保护成效等方面指标；适时对其他主体功能区实行经济发展和生态产品价值"双考核"。推动将生态产品价值核算结果作为领导干部自然资源资产离任审计的重要参考。对任期内造成生态产品总值严重下降的，依规依纪依法追究有关党政领导干部责任。

（十八）建立生态环境保护利益导向机制

探索构建覆盖企业、社会组织和个人的生态积分体系，依据生态环境保护贡献赋予相应积分，并根据积分情况提供生态产品优惠服务和金融服务。引导各地建立多元化资金投入机制，鼓励社会组织建立生态公益基金，合力推进生态产品价值实现。严格执行《中华人民共和国环境保护税法》，推进资源税改革。在符合相关法律法规基础上探索规范用地供给，服务于生态产品可持续经营开发。

（十九）加大绿色金融支持力度

鼓励企业和个人依法依规开展水权和林权等使用权抵押、产品订单抵押等绿色信贷业务，探索"生态资产权益抵押＋项目贷"模式，支持区域内生态环境提升及绿色产业发展。在具备条件的地区探索古屋贷等金融产品创新，以收储、托管等形式进行资本融资，用于周边生态环境系统整治、古屋拯救改造及乡村休闲旅游开发等。鼓励银行机构按照市场化、法治化原则，创新金融产品和服务，加大对生态产品经营开发主体中长期贷款支持力度，合理降低融资成本，提升金融服务质效。鼓励政府性融资担保机构为符合条件的生态产品经营开发主体提供融资担保服务。探索生态产品资产证券化路径和模式。

七、建立生态产品价值实现推进机制

（二十）加强组织领导

按照中央统筹、省负总责、市县抓落实的总体要求，建立健全统筹协调机制，加大生态产品价值实现工作推进力度。国家发展改革委加强统筹协调，各有关部门和单位按职责分工，制定完善相关配套政策制度，形成协同推进生态产品价值实现的整体合力。地方各级党委和政府要充分认识建立健全生态产品价值实现机制的重要意义，采取有力措施，确保各项政策制度精准落实。

（二十一）推进试点示范

国家层面统筹抓好试点示范工作，选择跨流域、跨行政区域和省域范围内具备条件的地区，深入开展生态产品价值实现机制试点，重点在生态产品价值核算、供需精准对接、可持续经营开发、保护补偿、评估考核等方面开展实践探索。鼓励各省（自治区、直辖市）积极先行先试，并及时总结成功经验，加强宣传推广。选择试点成效显著的地区，打造一批生态产品价值实现机制示范基地。

（二十二）强化智力支撑

依托高等学校和科研机构，加强对生态产品价值实现机制改革创新的研究，强化相关专业建设和人才培养，培育跨领域跨学科的高端智库。组织召开国际研讨会、经验交流论坛，开展生态产品价值实现国际合作。

(二十三)推动督促落实

将生态产品价值实现工作推进情况作为评价党政领导班子和有关领导干部的重要参考。系统梳理生态产品价值实现相关现行法律法规和部门规章,适时进行立改废释。国家发展改革委会同有关方面定期对本意见落实情况进行评估,重大问题及时向党中央、国务院报告。

附录2　自然资源部办公厅关于印发《生态产品价值实现典型案例》（第一批）的通知

本部分收录 2020 年自然资源部办公厅关于印发《生态产品价值实现典型案例》（第一批）中的总体情况部分。

第一部分　总体情况

优质生态产品是最普惠的民生福祉，是维系人类生存发展的必需品。生态产品价值实现的过程，就是将生态产品所蕴含的内在价值转化为经济效益、社会效益和生态效益的过程。建立健全生态产品价值实现机制，既是贯彻落实习近平生态文明思想、践行"绿水青山就是金山银山"理念的重要举措，也是坚持生态优先、推动绿色发展、建设生态文明的必然要求。

一、生态产品价值实现的主要做法

作为维系生态安全、保障生态调节功能、提供良好人居环境的自然要素，生态产品具有典型的公共物品特征，其价值实现的路径主要有三种：市场路径，主要表现为通过市场配置和市场交易，实现可直接交易类生态产品的价值；政府路径，依靠财政转移支付、政府购买服务等方式实现生态产品价值；政府与市场混合型路径，通过法律或政府行政管控、给予政策支持等方式，培育交易主体，促进市场交易，进而实现生态产品的价值。从国内外已有的实践来看，生态产品价值实现的主要做法包括：

（一）生态资源指标及产权交易

该模式是针对生态产品的非排他性、非竞争性和难以界定受益主体等特征，通过政府管控或设定限额等方式,创造对生态产品的交易需求,引导和激励利益相关方进行交易,是以自然资源产权交易和政府管控下的指标限额交易为核心,将政府主导与市场力量相结合的价值实现路径。

如福建省南平市借鉴商业银行"分散化输入、整体化输出"的模式,构建"森林生态银行"这一自然资源管理、开发和运营的平台,对碎片化的森林资源进行集中收储和整合优化,转换成连片优质的"资产包",引入社会资本和专业运营商具体管理,打通了资源变资产、资产变资本的通道,提高了资源价值和生态产品的供给能力,促进了生态产品价值向经济发展优势的转化。

重庆市通过设置森林覆盖率这一约束性考核指标,明确各方权责和相应的管控措施,形成了森林覆盖率达标地区和不达标地区之间的交易需求,搭建了生态产品直接交易的平台,打通了绿水青山向金山银山的转化通道。此外,重庆市以地票制度为核心,将地票的复垦类型从单一的耕地,拓宽到林地、草地等类型,拓展了地票的生态功能,建立了市场化的"退建还耕还林还草"机制,减少了低效的建设占用,增加了生态空间和生态产品,实现了统筹城乡发展、推动生态修复、增加生态产品、促进价值实现等多重效益。

美国湿地缓解银行是一种市场化的补偿和价值实现模式,其核心是通过法律明确了湿地资源"零净损失"的管理目标和严格的政府管控机制,并设计了允许"补偿性缓解"的制度规则,从而激发了湿地补偿的交易需求,形成了由第三方建设湿地并进行后期维护管理的交易市场。湿地缓解银行模式既保障了湿地生态功能的平衡,又促进了湿地生态价值与经济价值的转换,是生态产品价值实现的有效模式。

(二)生态修复及价值提升

该模式是在自然生态系统被破坏或生态功能缺失地区,通过生态修复、系统治理和综合开发,恢复自然生态系统的功能,增加生态产品的供给,并利用优化国土空间布局、调整土地用途等政策措施发展接续产业,实现生态产品价值提升和价值"外溢"。

福建省厦门市五缘湾片区通过开展陆海环境综合整治和生态修复保护,以土地储备为抓手推进公共设施建设和片区综合开发,依托良好生态发展生态居住、休闲旅游、医疗健康、商业酒店、商务办公等现代服务产业，增加了片区内生态产品，提升了生态价值，促进了土地资源升值溢价。

山东省威海市将生态修复、产业发展与生态产品价值实现"一体规划、一体实施、一体见效"，优化调整修复区域国土空间规划，明晰修复区域产权，引入社会主体投资，持续开展矿坑生态修复和后续产业建设，把矿坑废墟转变为生态良好的5A级华夏城景区，带动了周边区域发展和资源溢价，实现了生态、经济、社会等综合效益。

江苏省徐州市贾汪区潘安湖采煤塌陷区以"矿地融合"理念，推进采煤塌陷区生态修复，将千疮百孔的塌陷区建设成为湖阔景美的国家湿地公园，为徐州市及周边区域提供了优质的生态产品，并带动区域产业转型升级与乡村振兴，维护了土地所有者权益，显化了生态产品的价值。

（三）生态产业化经营

该模式是综合利用国土空间规划、建设用地供应、产业用地政策、绿色标识等政策工具，发挥生态优势和资源优势，推进生态产业化和产业生态化，以可持续的方式经营开发生态产品，将生态产品的价值附着于农产品、工业品、服务产品的价值中，并转化为可以直接市场交易的商品，是市场化的价值实现路径。

浙江省余姚市梁弄镇通过实施全域土地综合整治，加大对自然生态系统的恢复和保护力度，推动绿色生态、红色资源与富民产业相结合，发展红色教育培训、生态旅游、会展、民宿等"绿色＋红色"产业，吸引游客"进入式消费"，将生态优势转化为经济优势，实现了"绿水青山"的综合效益。

江西省赣州市寻乌县在统筹推进山水林田湖草生态保护修复的同时，因地制宜发展生态产业，利用修复后的土地建设工业园区，引入社会资本建设光伏发电站，发展油茶种植、生态旅游、体育健身等产业，逐步实现"变废为园、变荒为电、变沙为油、变景为财"，实现了生态效益和经济社会效益相统一。

云南省玉溪市按照"湖边做减法、城区做加法、自然恢复为主、减轻湖边负担"的原则，实施抚仙湖流域腾退工程，推动抚仙湖流域整体保护、系统修复和综合治理，大幅增加了优质生态产品的生产能力，实现了生态环境持续向好、用地结构持续优化和一二三产业和谐发展。

(四) 生态补偿

该模式是按照"谁受益、谁补偿,谁保护、谁受偿"的原则,由各级政府或生态受益地区以资金补偿、园区共建、产业扶持等方式向生态保护地区购买生态产品,是以政府为主导的价值实现路径。如湖北省鄂州市探索生态价值核算方法,统一计量自然生态系统提供的各类服务和贡献,并将结果运用于各区之间的生态补偿,让"好山好水"有了价值实现的途径,激发了"生态优先、绿色发展"的内在动力。

二、促进生态产品价值实现的关键环节

生态产品价值实现是一项理论性强、政策性强、操作性强的系统工程,必须按照"政府主导、企业和社会各界参与、市场化运作、可持续的生态产品价值实现路径"要求,从实际出发,推动制度创新、试点实践和政策制定。

作为生态产品的自然本底和生产载体,自然资源为生态产品的生产和价值实现提供了最基本的物质基础和空间保障,自然资源部门应当成为生态产品价值实现的制度供给者和重要管理者。自然资源领域促进生态产品价值实现的关键环节包括:

一是坚持规划引领,科学合理布局。充分发挥国土空间规划的引领和约束作用,科学布局生产空间、生活空间、生态空间,保持自然生态系统的原真性、整体性和系统性,不断提高优质生态产品的供给能力。对于生态环境良好地区或重点生态功能区,在加强生态保护的同时,鼓励发展生态产业并留有一定发展空间,促进生态产品价值实现。对于适宜开展生态保护修复和接续产业发展的区域,可以根据生态修复和后续资源开发、产业发展等需要,合理确定区域内各类空间用地的规模、结构、布局和时序,优化国土利用格局,为合理开发和价值实现创造条件。

二是管控创造需求,培育交易市场。通过政府管控或设定限额等措施,创造对生态产品的交易需求,引导和激励利益相关方开展交易,通过市场化方式

实现生态产品的价值。耕地占补平衡和森林覆盖率等指标交易、碳排放权、排污权、用水权等配额交易、林权等产权交易，都是通过政府管控与市场交易相结合的方式实现其价值。

三是清晰界定产权，促进产权流转。生态产品是自然资源的结晶产物，自然资源的产权决定了生态产品的产权归属。对自然生态系统进行调查监测和确权登记，摸清区域内自然资源的数量、质量、权属等现状，开展生态价值评估，是实现生态产品价值的基础。同时，将分散的自然资源使用权或经营权进行集中流转和专业化运营，也有利于提升生态产品的生产能力，创新多元化、市场化的生态产品价值实现模式。

四是发展生态产业，激发市场活力。将生态产品与各地独特的自然资源、历史文化资源等相结合，发展生态旅游、生态农业等生态产业，将生态产品的价值转化为可以直接市场交易的商品价值，通过游客"进入"消费、商品"对外"销售等方式激发市场活力，促进生态产品价值实现。

五是制定支持政策，实现价值外溢。除直接市场交易外，生态产品的价值还可以通过土地等资源载体的增值和"外溢"来实现。因此，在生态产品价值实现的过程中，需要因地制宜地制定支持政策和激励措施，包括国土空间规划中的功能分区、规划用地布局、土地供应、建设用地用途转换、资源有偿使用、生态补偿政策等。

附录3　自然资源部办公厅关于印发《生态产品价值实现典型案例》（第三批）的通知

本部分收录2021年自然资源部办公厅关于印发《生态产品价值实现典型案例》（第三批）中的总体情况部分。自然资源部办公厅关于印发《生态产品价值实现典型案例》（第二批）无总体情况介绍，故附录暂不收录。

第一部分　总体情况

一、生态产品价值实现的主要做法

生态产品是自然生态系统与人类生产共同作用所产生的、能够增进人类福祉的产品和服务，是维系人类生存发展、满足人民日益增长的优美生态环境需要的必需品。

生态产品根据公益性程度和供给消费方式，可以分为三种类型和价值实现路径：一是公共性生态产品，主要指产权难以明晰，生产、消费和受益关系难以明确的公共物品，如清新空气、宜人气候等，三江源等重点生态功能区所提供的就是该类能够维系国家生态安全、服务全体人民的公共性生态产品；其价值实现主要采取政府路径，依靠财政转移支付、财政补贴等方式进行"购买"和生态补偿。二是经营性生态产品，主要指产权明确、能直接进行市场交易的私人物品，如生态农产品、旅游产品等；其价值实现主要采取市场路径，通过生态产业化、产业生态化和直接市场交易实现价值。三是准公共性生态产品，主要指具有公共特征，但通过法律或政府规制的管控，能够创造交易需求、开展市场交易的产品，如我国的碳排放权和排污权、德国的生态积分、美国的水质信用等;主要采取政府与市场相结合路径,政府通过法律或行政管控等方式创造出生态产品的交易需求,市场通过自由交易实现其价值。

与上述分类相对应,生态产品的价值实现模式主要有四类:生态资源指标及产权交易、生态治理及价值提升、生态产业化经营和生态补偿,本批典型案例基本涵盖了四类模式,具体包括:

(一)生态资源指标及产权交易

福建省三明市通过集体林权制度改革明晰了林权,探索开展"林票"制度改革,引导林权有序流转、合作经营和规模化管理,破解了林权碎片化问题,提高了生态产品供给能力和整体价值。此外,三明市借助国际核证碳减排、福建碳排放权交易试点等管控规则和自愿减排市场,探索开展林业碳汇产品交易;澳大利亚开发农业土壤碳汇项目并建立了严格的基线采样、碳汇计量和项目运行机制,通过"反向拍卖"规则开展市场交易,这些做法都是将生态系统的固碳服务转化为可交易的碳汇产品,有利于实现生态产品的综合效益。

德国生态账户是一种政府管控与市场交易相结合的价值实现模式,政府以法律形式明确"对自然生态造成的影响必须得到补偿",并规定了生态账户及生态积分的评估、登记、使用和交易等规则,形成了由占用者或第三方建立生态账户、获得生态积分并进行交易的市场,其实质是将带有公共品性质、难以进行交易的生态系统服务,转化为可以直接市场交易的生态积分或指标,促进生态价值的实现。在生态价值核算过程中,德国不是采用"货币化"的方式度量生态系统服务的价值,而是采用"指数化"的方式将其转化为生态积分,既避免陷入"算多少、值多少"的误区,又为通过市场力量配置生态产品奠定了基础。

(二)生态治理及价值提升

广东省汕头市南澳县坚持生态立岛,积极推进"蓝色海湾"等海洋生态保护修复,实施海岛农村人居环境整治,提升了海洋生态产品生产能力;依托丰富的海域海岛自然资源和良好的生态环境,发展海岛旅游等产业,促进了当地发展和群众增收。

广西壮族自治区北海市以"生态恢复、治污护湿、造林护林"为主线,在尊重自然地理格局的基础上，对冯家江实施生态治理，建成以冯家江滨海国家湿地公园为核心的生态绿廊；以统一规划管控和土地储备为抓手，推动片区综合开发，系统改善人居环境，发展绿色创新产业，打造了人与自然和谐共生的绿色家园。

海南省儋州市莲花山推动生态修复、环境治理、文化传承、产业发展"四位一体"联动，解决历史遗留矿山的生态环境问题，引进社会资本推动产业发展，实现了生态效益、经济效益和社会效益相统一。

（三）生态产业化经营

云南省红河州阿者科村依托特殊的地理区位、丰富的自然资源和独特的民族文化，坚持人与自然和谐共生，发展"内源式村集体主导"旅游产业，把优质生态产品的综合效益转化为高质量发展的持续动力，实现了生态保护、文化传承、经济发展和村民受益的良性循环。

吉林省白山市抚松县面对禁止开发区域和限制开发区域占比高的现状，坚持生态优先、绿色发展，做大做优"绿水青山"，提升优质生态产品供给能力；利用得天独厚的资源禀赋条件和自然生态优势，因地制宜地发展矿泉水、人参、旅游三大绿色产业，促进生态产品价值实现和效益提升。

宁夏回族自治区银川市贺兰县在土地整治、改良盐渍化土壤的基础上，开发了集农业种植、渔业养殖、产品初加工、生态旅游于一体的生态"农工旅"项目，完成了从传统种植到稻、鱼、蟹、鸭立体种养，再到产业融合发展的转型，获得了耕地保护、生态改善、产业提质、农民增收等多重效益。

（四）生态补偿

美国马德福农场综合运用多种路径和措施以实现生态产品的价值，对于能够直接市场交易的农产品、旅游狩猎服务等，通过市场化方式实现其价值；对于带有公共品特征的清洁水质、湿地生态系统服务等，一方面充分利用政府管控所形成的交易市场，推动了湿地信用、水质信用等多种"指标"交易，显化了生态价值；另一方面，积极参与美国"土地休耕增强计划"并获得政府补贴，其实质是一种生态补偿措施，农场实施休耕和生态修复，增强了生态产品的供给能力，政府通过补贴的方式"购买"农场生产的生态产品，推动形成了

"保护者受益、使用者付费"的利益循环。

浙江省杭州市余杭区青山村通过与生态保护公益组织合作，探索采用水基金模式进行水源地生态保护及补偿，通过建立水基金信托、基于自然理念开展农业生产、对村民转变生产生活方式所形成的损失进行生态补偿、吸引和发展绿色产业等措施，引导多方参与水源地保护并分享收益，构建了市场化、多元化、可持续的生态保护补偿机制，实现了青山村生态环境改善、村民生态意识提高、乡村绿色发展等多重目标。

二、生态产品价值实现的工作重点

近年来，各地结合工作实际，在探索生态产品价值实现方面取得了积极进展和一定成效，但仍然存在理论认识模糊、工作基础薄弱、实现路径单一、政策创新不够、内生动力不足等问题。我们必须认真贯彻落实党中央、国务院要求和部署，坚持问题导向、目标导向、结果导向，抓住工作重点，加快建立健全生态产价值实现机制。

一是深化理论研究。进一步深化生态产品价值实现基础理论研究，跟踪国内外生态产品价值实现的研究进展和实践做法，构建生态产品价值实现的理论体系，明晰生态产品内涵外延、价值来源、理论基础、重大关系等基本问题，为自然资源领域生态产品价值实现机制建设提供理论支撑。

二是构建技术体系。开展自然资源调查监测评价和统一确权登记，清晰界定自然资源资产的产权主体和边界，探索研究自然资源调查（"存量"）与生态产品信息普查（"流量"）相衔接的技术方法。按照"可靠指标、成熟方法、有效数据"的原则，综合考虑实用性、连续性和基层可推广性，研究制定生态产品价值核算方法，探索在国家公园等重点区域构建工程化实施的价值核算体系。研究建立生态产品价值实现评估技术，评估生态产品供给能力和价值实现程度。

三是丰富实现模式。鼓励搭建"生态银行"等自然资源资产运营管理平台，集中自然资源资产并开展整体运营，提升生态产品的供给能力和整体价值。积极探索并创新生态资源指标及产权交易、生态治理及价值提升、生态产业化经营和生态补偿等价值实现模式。建立公众参与机制，激发公众、企业和公益组织参与生态产品生产和价值实现的积极性。

四是创新配套政策。针对不同主体功能、不同发展阶段、不同自然生态系统类型地区，形成可复制推广的配套政策。发挥国土空间规划的引领作用，探索建立国土空间规划和生态产品价值实现统筹协调、高效联动的运行机制。创新土地等自然资源资产配置政策，依法依规探索促进生态产业发展的供地政策和多元化供地方式。推动生态修复成本内部化，探索附带生态保护修复条件的供地等土地资产配置方式。

五是推动试点示范。推动自然资源领域生态产品价值实现试点，及时总结成功经验，加强宣传推广。会同相关部门选择工作成效显著的地区，打造一批生态产品价值实现机制示范基地。

后 记

《生态农产品价值实现机制研究》一书是在深度解析国内外生态农业发展现状并进行调研观察分析后，反思出的思维结晶。能以此书作者的身份，为您展现一种全新的视界，帮助您深化生态农业在全球可持续发展中重要性的认识，我深感荣幸。这部作品是对生态农产品价值生成与实现机制的深入探索。

撰写这部作品的历程，我经历了无数次的疑虑和挫折。理论与实践的碰撞常让我深感迷茫和无助，市场的复杂性和不确定性则常使我感受到压力和挑战。然而正是这些疑虑和挫折，让我更深入地理解了生态农产品价值实现的复杂性和多元性。回顾整个创作过程，我深感这不仅仅是一次学术探索，更是一次心灵的磨砺和人格的提升。我认识到，要真正理解生态农产品价值实现的机制，不仅需要理论知识和实践经验，更需要对生命和环境怀有深深崇敬，对人类与自然抱持深沉责任感。

这部专著的诞生，离不开许多人的鼎力支持和协助。首先，我要向我的研究团队，九江学院石佳玉老师、赖清华同学、廖智玲同学、杨竞雄等表示感谢。他们毫无畏惧地面对困难，坚守初心，深入调研，让这个项目得以圆满完成。其次，我要感谢所有为我们提供资料和建议的人，他们的无私奉献，使我们的研究更加深入和全面。特别感谢中央财经大学社会与心理学院艾云老师调研团队的热心指导和协助。再次，我要感谢所有的读者，是你们的关注和期待，为我们提供了持续前行的动力。最后，我也由衷感谢华南理工大学出版社的全体员工，感谢庄严先生和责任编辑肖颖女士，感谢美术编辑王志远先生，是他们兢兢业业、辛勤工作才让这本书得以面世。

"生态农产品价值的实现，需要我们的共同努力和智慧。"这句话既是研究的结论，也是对未来的期待。我期望这部作品，能为大家提供一种新的视野，让我们共同绘制出一幅可持续发展的美丽画卷。

当然，书中定有不尽完善之处，恳请各位读者指正。

陈霞

2022 年 12 月